O SOCIAL NA PSICOLOGIA E A PSICOLOGIA SOCIAL

Dados Internacionais de Catalogação na Publicação (CIP)
(Câmara Brasileira do Livro, SP, Brasil)

González Rey, Fernando Luis

O social na psicologia e a psicologia social : a emergência do sujeito / Fernando Luis González Rey ; tradução de Vera Lúcia Mello Joscelyne. 3. ed. – Petrópolis, RJ : Vozes, 2012.

8ª reimpressão, 2025.

ISBN 978-85-326-3018-6

Título original: Lo social en la psicologia y la psicologia social: la emergencia del sujeto

1. Psicologia – Aspectos sociais 2. Psicologia social 3. Subjetividade 4. Sujeito (Filosofia) I. Título.

04-2476 CDD-150.1

Índices para catálogo sistemático:

1. Psicologia : Aspectos sociais 150.1

Fernando Gozález Rey

O SOCIAL NA PSICOLOGIA E A PSICOLOGIA SOCIAL

A emergência do sujeito

Tradução de Vera Lúcia Mello Joscelyne

EDITORA VOZES

Petrópolis

Tradução do original em espanhol intitulado
Lo social en la psicología y la psicología social: la emergencia del sujeito

Direitos de publicação em língua portuguesa - Brasil:

Rua Frei Luís, 100
25689-900 Petrópolis, RJ
www.vozes.com.br
Brasil

Editoração e org. literária: Ana Kronemberger
Capa: Studio Graph-it

ISBN 978-85-326-3018-6

Este livro foi composto e impresso pela Editora Vozes Ltda.

SUMÁRIO

1. A VISÃO DO SOCIAL NA PSICOLOGIA: VÁRIAS ABORDAGENS

1.1. A psicologia comportamentalista e sua influência na consideração do social

Embora o fundador da psicologia científica, W. Wundt, estivesse consciente da especificidade de uma psicologia orientada para os comportamentos sociais e culturais dos povos (*Volkerpsychologie*), o desenvolvimento da psicologia científica nos Estados Unidos reificou o método experimental a partir de uma perspectiva totalmente empirista, voltada essencialmente para processos de percepção e de sensação.

O desenvolvimento da psicologia experimental dos próprios discípulos de Wundt, como Tichnner, foi adquirindo formas cada vez mais impessoais. Com isso, os processos de relação nas práticas experimentais, que tinham sido levados em consideração por Wundt, foram desaparecendo em nome do caráter científico dessas práticas. A psicologia adotava a ciência de uma maneira cada vez mais instrumentalista, reproduzindo as tendências à objetividade e à verificação que caracterizavam o desenvolvimento científico das ciências naturais da época.

Como assinalam Toulmin e Leary (1992), na psicologia, a orientação empirista se transformou em um "culto ao empírico" que teve como consequência uma ruptura com todo tipo de teorização. A influência que essa tendência teve sobre o desenvolvimento do tema da subjetividade na psicologia foi objeto de análise em trabalho anterior (González Rey, 2002). No entanto, no presente livro queremos nos concentrar em como essa tendência também influiu para que a psicologia começasse a levar em consideração o social e o cultural.

A naturalização predominante no desenvolvimento do pensamento psicológico foi gerando uma representação dos processos psíquicos que os delimitava no espaço do indivíduo. No entanto, essa orientação que definia o psíquico no indivíduo nunca apresentou uma definição ontológica do psíquico, e nela ele aparece apenas associado a reações comportamentais diante de agentes externos. Assim, a própria definição de consciência, que caracterizou o desenvolvimento da psicologia em seus primórdios, estava associada à definição de suas funções. E essas funções, na forma adotada pela psicologia experimental norte-americana, eram definidas separadamente, isoladas umas das outras e situadas em um nível sensorial.

Para essa psicologia experimental, e também para a psicologia behaviorista que surgiu posteriormente, o externo referia-se mais a coisas ou fenômenos que atuavam como estímulos objetivos, do que a um sistema que poderíamos definir propriamente como social. A visão do externo poderia ser mais facilmente inserida em um tipo de ambientalismo do que em uma definição de cultura. A dimensão simbólica e cultural do social era totalmente ignorada por uma psicologia que se concentrava nos indivíduos como seres naturais e que via a realidade como conjuntos de eventos e estímulos objetivos. O resultado foi uma visão objetivista do meio e do próprio indivíduo.

Tanto a psicologia experimental do começo do século XX, como o behaviorismo, que passou a ser a tendência dominante do pensamento psicológico na primeira metade desse mesmo século, utilizavam como unidades para a construção do conhecimento termos que não expressavam uma especificidade psíquica e sim reações a influências externas objetivas que atuavam em nível sensorial. A consciência se localizava "dentro" e o comportamento se situava "fora", mas, na realidade, ambos se apresentavam no território do objetivo, e o interno era definido por reações comportamentais no plano experimental. As duas tendências se situavam em uma epistemologia cujo núcleo era a relação estímulo-resposta.

O behaviorismo, por outro lado, fortemente influenciado pelo desenvolvimento da psicologia animal de Thorndike, estabelecia uma analogia entre os mecanismos e processos da psicologia animal e a humana, e com isso ignorava totalmente o social enquanto cultura, considerando, em seu conceito de estímulo, somente as influências que atuavam de forma objetiva e imediata sobre o sujeito. Ou seja, a desvalorização da psique como fenômeno subjetivo foi acompanhada por uma visão naturalista e individualista que ignorou a condição social da psique e a forma específica em que a cultura é constituinte da psique humana, o que implica uma diferença qualitativa com a psique animal.

A representação do comportamento psíquico em unidades pontuais e parciais, associadas a comportamentos reativos da pessoa, insere a ontologia da psique em um nível funcionalista, próprio das funções biológicas do organismo, sem estabelecer qualquer distinção entre a ontologia da psique e processos humanos de outra natureza. Embora a psicologia experimental da consciência estivesse voltada para funções que ela localizava na própria consciência, na verdade, sua definição de consciência era pouco mais que um depósito de funções sensoriais que apareciam na investigação como comportamento reativo o que, na verdade, dava à reação comportamental um lugar prioritário na produção do conhecimento.

A psicologia experimental no contexto norte-americano, sobretudo aquela que foi desenvolvida sob a influência de Tichener, antes do surgimento do behaviorismo, nunca desenvolveu a especificidade que Wundt tinha definido com relação ao estudo das funções psíquicas superiores. Para Wundt, essas funções não podiam ser estudadas com o mesmo método utilizado para as investigações experimentais sobre as funções sensoriais.

Portanto, a psicologia do comportamento, tanto em nível teórico como nos níveis epistemológico e metodológico, não se restringiu ao behaviorismo; ela marcou praticamente todas as abordagens principais que caracterizaram a psicologia na primeira metade do século XX, e particularmente a psicologia norte-americana. A diferença, por exemplo, entre a orientação psicométrica, que também se expandiu fortemente entre os pioneiros da psicologia norte-americana a partir dos trabalhos de *Sir* Francis Galton, e a psicologia experimental, manifesta-se, basicamente, em nível instrumental, ou seja, a utilização do teste em vez de um experimento; no entanto, o tipo de unidades teóricas sobre as quais as duas psicologias trabalharam é o mesmo: o comportamento. Na psicometria, o comportamento aparecia como a referência explícita que os sujeitos deveriam levar em consideração para dar suas respostas. As referências para questões como atitudes, traços, dimensões e outras mais, eram definidas basicamente em nível comportamental. Era preciso que o sujeito reconhecesse vários tipos de comportamento para responder às perguntas do teste, que realmente eram elaboradas de acordo com uma definição operacional comportamental dos aspectos a serem medidos.

Nesse sentido, podemos falar de uma psicologia individualista, mas de uma psicologia individualista centrada no comportamento. Ou seja, em um sentido mais exato, podemos falar de uma psicologia comportamental que adota formas diferentes, entre elas o behaviorismo. Como se expressou, há muitos anos, o psicólogo behaviorista A. Kazdin, as abordagens que se referem a conceitos psíquicos representam um behaviorismo vergonhoso, porque avaliam e constroem os conceitos a partir de manifestações comportamentais.

Escreveu Kazdin (1978):

> O traço que foi inferido através da conduta é utilizado para explicar a conduta. Por exemplo, a razão pela qual uma pessoa age agressivamente está relacionada com seu traço "agressão". No entanto, como é que podemos saber que existe um traço de agressão sem inferi-lo da conduta? A explicação da conduta e dos traços, portanto, é circular (p. 4).

É claro que essa psicologia centrada no comportamento reproduzia o ideal de objetividade, medição, verificação e controle que dominava o cenário das ciências naturais positivistas no fim do século XIX. O que mais chama a atenção, porém, é que, mesmo depois de o positivismo ter sido superado nas ciências sociais, sobretudo com o desenvolvimento da teoria da relatividade e da mecânica quântica, no começo do século XX – a que se seguiram muitas alternativas epistemológicas tanto nas ciências sociais como nas naturais – a psicologia manteve-se fiel, através de grande parte de seus investigadores, profissionais e instituições, àquele ideal comportamentalista que sobrevive até hoje.

De uma perspectiva epistemológica, esse ideal comportamentalista enfatizava a padronização, a medição e a universalidade dos problemas estudados, sobre os quais tentava-se estabelecer leis de caráter indutivo. Essa psicologia comportamental centrava-se no indivíduo como definição natural, mas omitia totalmente a definição de sujeito, enquanto indivíduo singular, capaz de atuar sobre os próprios contextos e processos que o determinam e de ser constituinte desses mesmos contextos.

Na psicologia comportamental, portanto, o social não se diferenciava em sua especificidade constitutiva, e eram totalmente omitidos os processos de produção simbólica de caráter cultural, com o qual se reificava o *status* natural dos processos humanos, inclusive os psíquicos. Essa mesma tendência é observada na nascente psicologia social norte-americana, onde o social é definido através da identificação de comportamentos orientados por conteúdos sociais explícitos (F. Allport) suscetíveis de serem medidos, o que levou ao desenvolvimento de um conjunto de conceitos muito semelhantes em seu valor heurístico e em seu significado epistemológico. Esses conceitos incluem atitudes, normas, valores entre outros e estavam baseados em definições operacionais relacionadas com a conduta e não em definições teóricas. O caráter ateórico dominou totalmente o cenário da psicologia norte-americana, o que levou a que se cultuasse o método que Danziger definiu como "metodolatria" (1990).

A psicologia orientada para o método e baseada em comportamentos individuais teve duas vertentes: a do experimentalismo e a dos testes. No primeiro caso, as respostas se definiam por situações experimentais, enquanto que, no segundo, passou-se a estudar grupos de pessoas em testes de execução e de respostas, focalizados também no comportamento. Enquanto no experimento o critério de legitimidade era a resposta que permitisse verificar a hipótese, nos testes, o critério de legitimação era estatístico, e a importância de um comportamento era avaliada por sua relação com algumas normas determinadas. Dessa forma, as funções estudadas por testes eram separadas do sujeito que as expressava, e a psique era representada como um "agregado de elementos" (Danziger, 1990).

Por outro lado, a psicologia sofreu a influência do modelo biomédico em plena expansão no começo do século XX com os avanços na produção de instrumentos e medicamentos que marcaram de maneira muito especial a prática médica. Isso levou ao desenvolvimento de visões naturalistas e médicas sobre os fenômenos sociais, com grande influência sobre a maneira como a patologia passou a ser parte do objeto da psicologia. Nesse sentido, o anormal dominou profundamente o pensamento psicológico, que localizou essa anormalidade no sujeito, a partir do qual desenvolveu toda uma psicopatologia descritiva e ateórica, à imagem e semelhança da semiologia médico-descritiva. A partir dessa orientação semiológico-descritiva baseada nos testes, surgiu a clínica que caracterizou a tendência comportamental que estamos analisando e que hoje tem sua expressão mais completa no DSM-III e no DSM-IV.

Essa delimitação de espaços aplicados da psicologia sobre a base de tipos de comportamentos associados a diferentes conteúdos e funções da vida humana teve como resultado uma psicologia de base comportamental que se fundamentou em microespaços de atividade, associados a tipos diferentes de comportamento. Isso foi precisamente o que levou à desconexão que existe nos dias de hoje entre os diferentes campos da psicologia aplicada e o que, ao mesmo tempo, foi a gênese do conceito de psicologia aplicada devido ao caráter ateórico de sua base. Esses campos se perpetuaram como divisões rígidas, delimitados por tipos de comportamento diferentes e associados a práticas também diferentes.

O quadro que a psicologia comportamental – na definição ampla que adotamos neste livro – nos legou representa uma das tendências mais enraizadas e duradouras da psicologia, que se institucionalizou em muitos dos centros de poder do pensamento psicológico, algo que talvez explique por que tenha sobrevivido apesar de sua obsolescência.

Nesse quadro de uma psicologia naturalista e individualista orientada para o comportamento, a perspectiva sociopsicológica dos fenômenos históricos é totalmente ignorada. Além disso, joga-se o jogo das instituições de poder associadas com a institucionalização do modelo biomédico. Entre essas instituições, somente a manicomial foi objeto claro de crítica e, mesmo assim, essa crítica não teve início na psicologia. E mais, essa crítica associou sua concepção de manicômio unicamente com o hospital psiquiátrico. Embora a luta contra esses hospitais seja uma luta justa, não podemos ignorar as práticas manicomiais desenvolvidas em um nível social. O fenômeno natural é totalmente separado de sua determinação social e de seu caráter subjetivo. Dentro dessa visão comportamental do pensamento psicológico, o social e o subjetivo, em sua relação íntima e necessária, são eliminados.

A psicologia experimental, que foi rapidamente dominada pelo behaviorismo que surgiu entre 1930 e 1950 no cenário norte-americano e se expandiu amplamente pelo mundo, obteve com bastante rapidez um consenso com respeito à objetividade na coleta de dados. No entanto, chegar a um consenso com relação ao significado dos dados coletados foi um processo muito mais complexo. Foi necessário o desenvolvimento de alguma técnica que levasse a um acordo sobre os resultados empíricos. Nesse sentido, o condutismo baseia-se no positivismo lógico como credo científico que, por sua vez, suporta as tendências antiteóricas e antimetafísicas do condutismo mais dogmático.

Sobre a base do positivismo lógico, as proposições teóricas eram consideradas tautologias lógicas, proposições redutíveis ao conteúdo empírico, ou sem sentido (Toulmin & Leary, 1992). Ou seja, o teórico ficava totalmente preso a jogos lógicos, algo que irá marcar a adoção da dedução por esse modelo. A dedução é introduzida com a indução, baseada linearmente nos fatos observados no momento empírico e em sua repetição. Ambos os processos são associados à construção do conhecimento no modelo dominante da psicologia empírica, ou seja, o modelo hipotético-dedutivo. O positivismo lógico oferece um critério para definir empiricamente os significados em jogo na investigação. Na nomenclatura dessa tendência filosófica esse critério foi chamado de fisicalismo e se define pelo intersubjetivamente observável com respeito a eventos e fenômenos da realidade empírica.

O fisicalismo irá se fortalecer e se perpetuar na prática investigativa da psicologia comportamental através do operacionalismo que envolve a definição empírica dos atributos que caracterizam os conceitos a serem usados na investigação. Portanto, a reificação de uma lógica que parte de conceitos empiricamente formulados exclui qualquer ideia de um processo intelectual do investigador. Toda proposição teórica na investigação tem uma origem dedutiva ou indutiva e só pode ser acompanhada por procedimentos padronizados por parte do investigador. Segundo essa perspectiva, os objetos ficam delimitados por variáveis suscetíveis de observação e/ou medição. A finalidade do processo de conhecimento é estabelecer leis relativas ao problema estudado.

Na investigação experimental trabalha-se com estímulos totalmente arbitrários que preferencialmente não se relacionem com significados e associações preexistentes do sujeito. A neutralidade não se restringe ao investigador; ela abrange também o material usado na investigação. Como indicam Toulmin e Leary (1995):

> "Somente esse material experimental arbitrário era supostamente controlável o bastante para levar a resultados objetivos". Parece ser que só dessa maneira, os experimentos poderiam ser isolados de influências estranhas[...]. Infelizmente, essa exigência de observações "livres da cultura" tiveram o efeito de destruir o "sentido" do material usado na investigação (p. 609).

A investigação era desenvolvida sem levar em consideração o sentido dos estímulos usados, nem os contextos em que atuavam as pessoas investigadas. Os processos simbólicos eram evitados por serem possíveis contaminadores da neutralidade que se buscava, gerando uma psicologia ascética, incapaz de acompanhar os complexos processos subjetivos e sociais que caracterizam as diferentes atividades humanas. Esse fantasma epistemológico acompanhou o desenvolvimento da psicologia social positivista que surgiu na primeira metade do século XX nos Estados Unidos, uma psicologia que estudou o social unicamente por intermédio dos efeitos pontuais de certos conteúdos no comportamento das pessoas.

A psicologia comportamental reduziu a psique a formas de comportamento e o social a variáveis e a condições isoladas que influíam no comportamento das pessoas. Isso produziu estudos descritivos capazes de medir atitudes racistas ou pró-sociais, mas incapazes de produzir uma única ideia sobre o tipo de sujeito e de espaço social em que essas atitudes eram produzidas.

A classificação das diferentes formas de psicologia aplicada tinha como base as várias formas de comportamento que caracterizavam situações sociais diferentes. A psicologia comportamental não pode ser definida como uma psicologia psicológica, mas sim como uma psicologia em que o psicológico foi substituído pelo comportamental. Daí minha oposição à divisão entre uma psicologia social psicológica e uma psicologia social sociológica, que teve uma razão histórica, mas que hoje já não faz sentido. O instrumentalismo, o objetivismo e o naturalismo do modelo comportamental de psicologia deram ênfase a uma representação atomizada da psique e do ambiente, que estavam em relações isomórficas microlocalizadas, gerando uma incapacidade total para visualizar outras formas de organização, tanto da psique, quanto da sociedade e da cultura.

1.2. A psicanálise e o humanismo: uma nova imagem do homem com novas implicações para pensar o social

Embora o advento da psicanálise, no começo do século XX, apareça no contexto da instituição médica e receba, em seu início, a forte influência do modelo médico positivista e mecanicista, na verdade, introduz também a origem psíquica de sintomas somáticos, algo que representou uma revolução dentro do pensamento médico da época. Paralelamente, Freud nos introduz a uma representação das complexidades da vida psíquica do ser humano que transcendem as representações comportamentais a que nos referimos anteriormente.

A psicanálise freudiana, no entanto, nos apresenta a psique através de um modelo bioenergético, no qual os processos apresentados existem como entidades metafísicas de caráter universal e invariável. Freud, apesar de sua perspicácia para representar os processos e conflitos psíquicos do homem de sua época, não conseguiu diferenciar a natureza dos processos subjetivos, sua flexibilidade e independência com relação a uma suposta natureza humana universal. E é por essa razão que ele considera a sexualidade uma supercategoria, a partir de cujo funcionamento organiza-se não só toda a dinâmica que caracteriza a vida psíquica como também os diferentes níveis de organização da psique humana.

O social não é integrado na definição da qualidade da psique e um exemplo disso são as invariantes universais do pensamento psicanalítico. Se Freud tivesse compreendido a importância do social como constituinte da psique, nunca teria generalizado suas representações sobre o caráter sexual da neurose, ou sobre a definição da moral através do superego. No entanto, apesar dessas limitações que estão no contexto e na linguagem de sua época, Freud na verdade nos coloca diante de uma visão da mente como organização dinâmica, com processos próprios que se escondem da consciência e aparecem unicamente de forma indireta no comportamento. É bem verdade que Freud tende a psicologizar o social mais do que a compreender o caráter social dos processos psíquicos humanos, mas, apesar disso, foi capaz de fazer análises psicológicas importantes sobre a religião e outros fenômenos sociais na última parte de sua obra.

Embora o pensamento freudiano tenha evoluído continuamente, Freud nunca chega a romper com a tendência de naturalizar a psicologia. Nesse sentido, escreve E. Roudinesco (2000):

> E embora Freud tenha refutado o texto [está referindo-se ao Projeto] a ponto de pedir a seu amigo W. Fliess que nunca mais o devolvesse, isso não significa, de forma alguma, que mesmo a abandonando, ele tenha sido sempre atormentado pela tentação de uma "naturalização" da ciência do psiquismo. Por isso o Projeto ficou como uma espécie de fantasma invisível, que atravessava, incessantemente, todos os escritos freudianos (p. 64).

A psicanálise mantém uma representação pulsional do homem, o que define o lugar predominante de uma natureza humana universal. No entanto, temos que nos perguntar por que razão ela deu lugar a tantas interpretações que, de forma gradual, foram levando diferentes autores a uma representação sobre a subjetividade de caráter histórico e cultural, como está expresso nas obras de Castoriadis, Elliott e Guattari. Esse giro das construções da psicanálise na direção da cultura surgiu muito cedo na obra de Jung e se desenvolveu posteriormente em autores como K. Horney, Fromm e outros. A psicanálise vai submergindo na cultura representações que inicialmente tinham sido colocadas em um modelo bioenergético e que, dentro do próprio pensamento de Freud, tiveram evoluções muito interessantes.

A representação psicanalítica abre outro grande eixo de construção do pensamento psicológico onde, inicialmente, o social e a natureza humana aparecem como contrários antagônicos, contrários que logo a seguir vão se integrando – por vias diferentes e de maneiras diferentes – nos desenvolvimentos desse campo do pensamento. Na obra de Freud, o social se manifesta através de sua influência sobre a psique, basicamente em nível micro, no sistema familiar, tomando forma diante da expressão de tendências pulsionais da criança com relação à mãe. Ou seja, o social adquire sua importância psíquica a partir de um processo básico de expressão libidinosa. O outro, nesse caso a mãe, aparece como objeto de pulsão, enquanto que a figura paterna aparece como um agente repressor, funções que produzem emoção através da pulsão. As relações com os pais não definem um espaço social qualitativamente diferenciado; ao contrário, elas representam um padrão universal definido *a priori* pela natureza pulsional da criança.

De qualquer forma, pela primeira vez na literatura psicológica, o social se expressa em nível simbólico nas consequências do conflito edipiano. A representação da psique apresentada por Freud é mais suscetível a um encontro com o social que aquela desenvolvida pelo pensamento comportamental, algo que fica bastante evidente na riqueza dos desdobramentos e tendências que mantiveram em constante evolução o pensamento psicanalítico até nossos dias. No entanto, no pensamento psicanalítico, mantém-se a dicotomia entre o social e a psique, na medida em que a psique é considerada como atributo relevante do individual e que as unidades para compreendê-la estão baseadas em aspectos bioenergéticos dos indivíduos.

Na psicanálise freudiana, a psique passa a ter um *status* interno e individual, mas não adquire uma especificidade ontológica com relação aos processos bioenergéticos. Isso vai se transformando a partir do próprio Jung e, com efeito, não deixa de se modificar nas várias gerações e tendências teóricas dentro da psicanálise.

Uma das vertentes que o pensamento psicanalítico adota com relação ao social e a outros fenômenos, como as próprias doenças consideradas psicossomáticas, é a "psicologização" desses processos, que estabelece uma linearidade entre as dinâmicas psicológicas. Essas são explicadas em termos da liturgia psicanalítica e de processos complexos tais como a própria saúde, ou qualquer outro processo de ordem social. As versões mais dogmáticas da psicanálise referem-se a esses processos como dinâmicas contidas no sujeito e os explicam dessa forma. Houve também um setor da psicanálise que reificou o pensamento psicanalítico, convertendo-o em um conjunto de fórmulas para a produção de respostas universais para os problemas do ser humano em qualquer área. Tendo sido uma tendência representacional do pensamento psicanalítico, esse setor acabou por acreditar que a vida estava construída nas fórmulas propostas pela psicanálise, em vez de pensar nas possibilidades e limites das formulações dessa psicanálise para a produção de visibilidade sobre os vários processos e formas de organização da psique.

Isso fica muito claro na seguinte formulação de J. Birman (1999):

> O fato de que a psicanálise seja meu referencial fundamental de leitura e minha bússola teórica para viajar nas tormentas da atua-

> lidade não significa, no entanto, que eu pretenda utilizá-la de uma maneira linear e aplicada, isto é, de forma cega e pouco inteligente. Pelo contrário, minha intenção é demonstrar também como o domínio doutrinário de certas concepções vigentes no campo psicanalítico funciona como um obstáculo crucial, que nos impede de escutar as novas formas de subjetividade que a cena contemporânea nos oferece (p. 19).

Essa citação de Birman evidencia a presença de uma posição epistemológica com relação às formulações da psicanálise. Essa, como qualquer teoria, representa um modelo de pensamento em tensão e desenvolvimento que, para aspirar a ter um espaço na produção científica, precisa manter flexibilidade suficiente para se reorganizar e crescer diante do novo. É precisamente essa capacidade a única coisa que justificaria o desenvolvimento da investigação no campo psicanalítico. A liturgia associada ao dogma não só não necessita da investigação como também a refuta.

A separação entre o social e a psique impede que se saia de uma representação naturalista da psique e que se passe a uma compreensão do impacto da condição histórico-cultural do ser humano na organização e no funcionamento de sua vida psíquica. A imagem do social como objetivo e externo com relação à psique, que é representada como interna e associada à natureza humana, fez com que a representação da psique nas escolas chamadas de dinâmicas se tornasse homogênea. No entanto, as representações de Freud sobre as dinâmicas pulsionais associadas às figuras paternas/maternas abriu um espaço de representação para processos complexos de subjetivação produzidos nas áreas mais íntimas dos seres humanos e nos apresentou o efeito que essas relações podem ter para a configuração da psique a partir da expressão da sexualidade.

Creio que a grande intuição freudiana de aprofundar-se sobre a maneira como a sexualidade estava presente na relação da criança com seus pais na verdade abre um espaço de complexidade na reflexão sobre a subjetividade e sobre seu caráter social que, mesmo não tendo sido visualizada por Freud, é por ele apresentada através das limitações próprias de sua época, dentro de uma visão padronizada e metafórica associada ao mecanismo universal do Complexo de Édipo. No entanto, apesar do caráter rudimentar e de certo modo naturalizado dessa construção, ela nos permite ter uma certa penetração na complexidade das relações humanas.

Apesar disso, o desenvolvimento do pensamento dificilmente fica preso em fórmulas únicas e universais. Assim, chama muito nossa atenção a maneira como a psicanálise sofreu a influência do marxismo na Argentina, provocando uma revisão de seus conceitos e práticas e levando a uma representação da psique muito mais comprometida com o social (Bleger, Pichon Rivière). Essa interessante linha de pensamento, que teve seguidores importantes na Argentina, não pôde, porém, consolidar-se em nível internacional e acabou por ser refutada tanto pelo marxismo como pela psicanálise. Um exemplo das dificuldades do Terceiro Mundo para gerar correntes de pensamento que sejam incorporadas em nível mundial.

O desenvolvimento do pensamento científico vai-se enriquecendo através de inúmeros processos de particularização que acompanham o desenvolvimento das teorias que se institucionalizam em nível internacional, produzindo saberes locais que até muito pouco tempo atrás tinham muitas dificuldades para se legitimarem, como demonstra o exemplo da escola argentina de psicanálise que terminou abortada pela invasão lacaniana no pensamento argentino.

A tendência apresentada por muitos autores psicanalistas de se envolverem com temas de significação social crescente, com uma natureza histórica e cultural claramente definida, fez com que eles se voltassem para uma produção teórica cada vez mais complexa, que os levou a envolver-se com o mundo dos sentidos e a transcender as liturgias da instituição psicanalítica pós-freudiana (Elliott, Castoriadis). Também se observa a tendência a utilizar a psicanálise como base para encarar os desafios da produção do conhecimento em áreas que não foram centrais nos primórdios do desenvolvimento da teoria psicanalítica, como, por exemplo, o tema da dependência de drogas, que gradualmente teve uma forte influência no aumento da sensibilidade social da teoria.

A atitude de busca e de ruptura com as fórmulas universais e simplistas da liturgia psicanalítica no enfrentamento com o novo manifesta-se em vários autores naquilo que atualmente caracteriza uma das tendências fundamentais do desenvolvimento dessa teoria. Assim, em seu interessante trabalho "Toxicomanias e psicanálise", Le Poulichet S. escreve (1990):

Por outro lado, as perturbações orgânicas provocadas pelo consumo de drogas, ou ainda o problema da overdose, que só atinge um número pequeno de toxicômanos, autorizam com demasiada frequência uma forma de complacência teórica que tende a apresentar a "toxicomania" como uma ilustração da pulsão de morte.

Por acaso não será "a toxicomania" um objeto demasiado sedutor para certa psicanálise amadora que busca, sem muita profundidade, o sentido dos fenômenos que extrapolam o campo psicanalítico?" (p. 49).

Essa psicanálise nos revela o espírito da busca, da ruptura com as liturgias, do desenvolvimento de um campo de conhecimento com uma orientação construtiva em relação ao que é novo, e não de acomodação ao de antes. Essa é uma psicanálise crítica, de ruptura, com capacidade para acompanhar a produção de um conhecimento que se envolve com novas formas de subjetivação, que leva à superação do esquema pulsional que dominou o pensamento freudiano.

A psicanálise, ao lado dos aspectos teóricos a que nos referimos, trouxe também uma contribuição importante para o desenvolvimento psicológico através de sua epistemologia implícita, a que retira o processo de produção do conhecimento da relação direta estímulo-resposta, desenvolvendo uma aproximação construtivo-interpretativa que transcende as evidências comportamentais na construção do conhecimento. A psicanálise atua sobre trechos complexos de informação, usando material indireto e implícito na produção do conhecimento, rompendo, assim, com a epistemologia baseada na resposta como fonte de informação. Com isso, a psicanálise cria as condições para o estudo de processos complexos que não são acessíveis de forma imediata nem à observação, nem às respostas dos sujeitos estudados.

Outro aspecto importante da epistemologia psicanalítica é a produção de interpretações teóricas que vão mais além das evidências e que se vão articulando em um modelo propriamente teórico. Só que a incapacidade de definir a maneira pela qual esse processo teórico "dialoga" com o empírico algumas vezes levou a formulações fortemente especulativas, contribuindo para aquilo que chamei, em trabalhos anteriores, de "hermetismo epistemológico" de certas posições psicanalíticas.

Uma das dificuldades do pensamento psicanalítico, relacionada, aliás, com suas próprias origens, encontra-se na definição de unidades psicológicas suscetíveis de serem socialmente produzidas. Ao desenvolver um imaginário pulsional, a psicanálise faz com que seja mais difícil pensar nas outras unidades de organização da psique, pois a pulsão induz a que busquemos os núcleos dinâmicos da psique na natureza humana; e induz também a uma representação da organização psíquica centrada no inconsciente como instância de base, a partir do conceito de repressão. Dessa forma, cria-se uma representação da psique como um espaço interno a que só se chega através da compreensão do inconsciente como linguagem desenvolvida por Lacan.

A psicologia humanista rompeu com o legado pulsional com relação à organização da psique, já que ela modifica totalmente a concepção sobre o tipo de conteúdos que dinamizam o comportamento humano. Esses conteúdos são vistos como positivos, como tendências à autorrealização e ao crescimento. Isso elimina o caráter necessário da repressão e, portanto, da fundação do inconsciente como instância. Apesar disso, o humanismo se mantém dentro do esquema pulsional na definição de tendências universais e teleológicas na natureza humana, embora o centro de sua construção teórica seja o sujeito individual e seus processos de regulação do comportamento.

A psicanálise influencia todas as escolas dinâmicas, que continuam representando a psique como um sistema interno que se organiza em um sujeito individual e em relação ao qual o social favorece, influencia, mas não representa o caminho de constituição e organização da psique. Essa segunda tendência geral de evolução do pensamento psicológico, que podemos identificar como psicodinâmica, representa a psique como um sistema interno, individual e dinâmico, configurado por forças em conflito e contraditórias. O humanismo consegue situar esses processos através de definições que estão mais próximas da subjetividade que da psicanálise freudiana. Apesar disso, ele não consegue compreender esses sistemas em sua verdadeira complexidade e, uma vez mais, opondo-se de forma explícita à concepção psicanalítica, defende uma ideia processual do inconsciente que considero muito importante mas que acaba por reificar o lugar da consciência na organização dos processos psíquicos. Além disso, representam um sujeito capaz de conseguir níveis de congruência com relação a seu comportamento que nos levariam a considerar as possibilidades absolutas da consciência na produção do conhecimento do indivíduo sobre si mesmo.

Nesse sentido, o ideal autorregulador do sujeito reduz toda a complexidade que sua condição social envolve, cercada permanentemente por formas simbólicas que estão mais além de sua capacidade consciente. Isso também rompe com a contradição necessária entre consciente-inconsciente, que surge devido às diferenças que existem entre a instância do sujeito e a organização histórica de sua própria subjetividade. O humanismo nos transmite um quadro transparente de processos que, na realidade, são opacos e inacessíveis de forma direta à consciência. E mais ainda, a consciência não representa uma capacidade onipotente do homem, a partir da qual este pode controlar-se a si próprio e a tudo que o rodeia. Isso significa uma compreensão racionalista da consciência muito presente na concepção de sujeito desenvolvida pela psicologia humanista.

A consciência é uma via de produção de sentido que implica representações e formulações intencionais, mas que está sempre constituída por processos de sentido que se integram a essas representações e que ficam fora da "visibilidade" consciente do sujeito.

O humanismo, porém, assim como a psicanálise, manteve-se em uma reflexão cada vez mais comprometida com os processos sociais que marcaram o mundo na década de 1960, e foi-se orientando cada vez mais à análise do mundo social em que o sujeito se desenvolvia. Isso permitiu, sobretudo a May e a Rogers, que foram testemunhas de eventos importantes das décadas de 1960 e 1970, integrar análises das situações sociais complexas pelas quais o mundo ia passando, e relacioná-las com o desenvolvimento do homem nessas circunstâncias. A respeito disso, escreve May (1974):

> Quero examinar esta crise [refere-se à crise gerada pela guerra no Vietnã] como um exemplo ilustrativo do fato de que todos nós, sejamos a favor ou contra a guerra, estamos presos em uma situação histórica de convulsão na qual não existe uma noção clara do certo e do errado, e na qual a confusão psicológica é, portanto, inevitável; e – um fato mais aterrador que os demais – nenhuma pessoa ou grupo de pessoas encontra-se na posição de exercer um poder significativo. O poder assume um caráter anônimo, automático e impessoal (p. 42).

No parágrafo anterior, movido por uma reflexão de profundas implicações sociais, o autor nos põe diante de um sujeito dominado por forças sociais que transcendem a onipotência da consciência, com o qual se coloca em dimensões de subjetivação do social que têm pontos de contato com posições que surgem posteriormente na psicologia social a partir da crítica pós-moderna e pós-estruturalista.

1.3. A teoria histórico-cultural: uma redefinição do social na psicologia

A abordagem histórico-cultural se desenvolve como parte de uma psicologia soviética que rompe, em um momento concreto de seu desenvolvimento, com uma visão centrada no indivíduo, colocando o social em um lugar diferente com respeito à formação e ao desenvolvimento dos processos psíquicos. Dentro das várias tendências que se desenvolveram naquela psicologia, talvez o pensamento que alcançou maior popularidade no Ocidente tenha sido o de Vygotsky. Isso se deve, sobretudo, aos trabalhos de tradução da obra do autor russo e sua assimilação por uma psicologia de base cultural que se inaugurava nos Estados Unidos como reação à psicologia cognitiva norte-americana. Esse movimento teve como principal representante J. Bruner.

Quando introduzimos Vygotsky fora do contexto da psicologia soviética, perde-se a historicidade de sua obra e sua contextualização, o que dificulta a compreensão de muitas de suas construções teóricas. Vygotsky foi um autor complexo e contraditório, cuja obra esteve em permanente desenvolvimento durante sua curta – mas intensa – vida. Uma das características de sua produção foi o fato de que ele era capaz de abordar um determinado tema e, ao fazê-lo, apresentar várias ideias originais referentes a um tema diferente. Assim, por exemplo, algumas das contribuições mais importantes de Vygotsky ao tema da personalidade foram introduzidas nos *Fundamentos da defectologia*, precisamente diante do desafio de tentar superar uma representação naturalizada dessa área, na qual as deficiências apareciam associadas a tipos de personalidade.

Nos vários momentos de sua obra, Vygotsky enfrenta desafios que surgem de uma maneira geral e por várias vias, dentro da própria psicologia soviética. Essa psicologia assume o marxismo de forma oficial e real, pois seus principais autores encontram na dialética e na representação do homem, feita por Marx, as ferramentas fundamentais para uma transformação profunda da psicologia, que lhes permite, pela primeira vez no contexto da psicologia de sua época, compreender o social como parte constituinte da psique humana. O conceito de psique separa-se totalmente do conceito de uma essência humana inerente ao indivíduo.

O caráter progressista e não dogmático e nem conservador da apropriação do marxismo por esses autores teve como base o fato de que, para eles, o marxismo foi um meio de desenvolver uma nova representação do homem, que deu origem a uma nova zona de sentido para a construção do pensamento psicológico. Eles adotam o marxismo de uma forma criativa e espontânea, e não de forma mimética e mecanicista, como irá ocorrer mais tarde na própria evolução da psicologia soviética. O marxismo representou para eles um meio de desenvolver seu pensamento e, através dele, puderam levar a cabo uma crítica importante aos princípios que sustentavam a psicologia de sua época.

Apesar disso, o processo de construção teórica de como o social se transforma em psicológico foi um processo lento e contraditório, que avançou simultaneamente pelo menos nas obras de Vygotsky e de Rubinstein. Embora existissem várias diferenças entre o pensamento desses dois autores, sua representação mais geral da psique era semelhante nos seguintes aspectos essenciais:

- Dissolução da representação da psique humana como uma entidade individual e interna.

- Representação da psique como um sistema complexo cujas formas de organização não excluem o caráter processual e dinâmico do sistema como um todo.

- Superação de um conjunto de dicotomias que historicamente tinham caracterizado o desenvolvimento da psicologia, tais como as dicotomias consciente-inconsciente, afetivo-cognitivo, social-individual etc.

- Relação entre a psique e a ação humana, que alcançou seu mais alto nível de expressão no princípio da unidade da consciência e da atividade em Rubinstein e no conceito de sentido em Vygotsky.

No caso de Vygotsky, além do conceito acima, é importante destacar que, pela primeira vez, apresenta-se uma teoria geral da psique como teoria do desenvolvimento. Isso teve sérias implicações para a própria compreensão do desenvolvimento humano. Os atributos assinalados, que foram compartidos por Vygotsky e Rubinstein, representam, ao lado de uma descaracterização da visão que se tinha da psique, um primeiro passo sumamente importante para compreender a psique como um sistema complexo. Essa ideia irá evoluindo até se transformar em uma teoria da subjetividade de natureza histórico-cultural. Com isso, a psique deixa de estar coisificada em categorias universais associadas a uma representação individual da essência humana.

No entanto, o materialismo que esses autores também compartilhavam com relação à representação da psique fez com que fosse mais difícil para eles entenderem como se produzia essa relação entre o psíquico e o social. Assim, para evitar a linearidade imediata entre os dois aspectos, ou seja, entre a psique e o social, sugeriu-se que "o externo se refratava através do interno", em uma fórmula que, mesmo sem afirmar a identidade entre ambos – o externo e o interno –, era muito fisicalista, pois o externo passava a ser interno em sua própria condição, já que o processo de refração não muda a qualidade do refratado.

Vygotsky, por outro lado, busca essa passagem no conceito de interiorização, que representa um conceito central em um dos momentos qualitativos bem definidos de sua obra, aquele no qual ele enfatiza a mediação dos sinais na formação das funções psíquicas superiores. Como expressamos em outras obras, e analisaremos em maior detalhe mais adiante, quando formos apresentar os vários momentos da obra de Vygotsky, o caráter social do psíquico não responde a um processo de interiorização, e sim de constituição, de configuração. Nisso o Vygotsky do sentido vai se aproximar mais dos autores da pós-psicanálise, Elliott e Guattari, do que a uma boa parte dos autores socioculturais que, de forma explícita, assumiram sua teoria como base de seus trabalhos (Werstch, Rogoff e outros).

Tanto na fórmula da refração utilizada por Rubinstein quanto no conceito de interiorização está muito presente a ideia de reflexo, que é um dos princípios que durante muito tempo foi considerado fundador da psicologia soviética. Por trás da ideia de reflexo está a ideia da identidade qualitativa entre o externo e o interno, ideia que irá ser expressa em toda sua extensão posteriormente, na teoria da atividade de A.N. Leontiev.

A ideia de reflexo, com efeito, pretende fazer com que tudo o que ocorre em nível psicológico dependa de influências externas. Isso desconsidera a capacidade geradora da psique, que aparece mais como um reflexo do que como uma produção daquilo que ocorre externamente. Essa produção seria constituída por elementos de sentido diferentes, entre os quais estariam aqueles procedentes da própria história do sujeito, assim como outros oriundos do contexto no qual ele atua. A ideia de reflexo nos remete a uma ideia de imediação entre o interno e o externo que, na verdade, termina substituindo a psique pelo externo, um fantasma que ainda hoje subsiste entre os autores que compartilham esse marco de referência.

Na evolução do pensamento dos autores soviéticos, o reflexo foi se convertendo cada vez mais em uma definição ideológica oficialmente imposta e não discutível, que se transformou em um atributo obrigatório da definição marxista da psicologia. Quando isso ocorreu, basicamente associado ao desenvolvimento da teoria da atividade, o marxismo tinha se convertido em uma camisa-de-força para o desenvolvimento da psicologia soviética, precisamente através do tipo de interpretação objetivista que dominava os círculos políticos da antiga União Soviética. A interpretação do marxismo na União Soviética sempre enfatizou a materialidade dos objetos da ciência, o que representou uma barreira total ao desenvolvimento do tema da subjetividade naquela psicologia.

Essa representação objetivista da psique encontrou sua primeira expressão na reflexologia pavloviana, que caracterizou a liturgia política dos trabalhos científicos da psicologia em um determinado momento histórico. Posteriormente a essa etapa em que a materialidade da psique estava associada principalmente a processos de natureza biológica, o núcleo da materialidade passou a ser representado pelos processos objetivos externos e isso impediu que houvesse um progresso na compreensão real do social, já que esse foi substituído pela dimensão objetal da realidade, ou seja, pelos objetos externos com os quais o sujeito se relacionava.

Na visão de A.N. Leontiev, alguns processos cognitivos eram o momento ideal dos objetos externos. Sobre isso, ele escreveu (1977):

> O ser, a vida de cada homem, consiste de um conjunto, ou, para ser mais exato, de um sistema (hierarquia de atividades sucessivas). É na atividade que tem lugar a transição ou "transferência" dos reflexos para o ideal, a imagem subjetiva; além disso, também na atividade dá-se a transição do ideal ao material: ou seja, aos resultados objetivos, aos produtos da atividade. Nesse aspecto, a atividade é o processo onde têm lugar as intertransições entre os polos sujeito-objeto (p. 141).

Se analisarmos a produção da psicologia soviética nas décadas de 1950 e 1960, vamos observar um predomínio do estudo das funções psicofisiológicas, sensoriais e cognitivas, em que predomina, também, uma aproximação metodológica totalmente experimental. A psicologia busca situações sensoriais neutras, sem implicações políticas: com efeito, os processos psíquicos e sociais complexos estão completamente ausentes da literatura psicológica.

Nesse nível de investigação, sobre o qual consolidou-se a teoria da atividade, o centro de interesse foi a relação entre o objeto externo e a função psicológica. Por um lado, isso implicou desconhecimento do sujeito e, por outro, o abandono dos processos sociais complexos, que envolvem o aspecto subjetivo da própria realidade social. Os processos simbólicos de produção da realidade social e as configurações de sentido socialmente produzidas foram totalmente ignorados na investigação psicológica. No entanto, embora esse tenha sido o cenário predominante no desenvolvimento da psicologia soviética entre as décadas de 1940 a 1970, não foi um cenário absoluto.

O próprio A.N. Leontiev assumiu posições diferentes com relação a esse problema: em sua apresentação no XVIII Congresso Internacional de Psicologia que teve lugar em Moscou, em 1966, ele escreveu:

> À base dos fenômenos que aparecem no desenvolvimento estão causas (condições) internas, e não só causas externas do desenvolvimento, o que implica que essas últimas exercem sua ação através das causas externas (p. 66).

O fato de esse problema ter sido retomado dessa forma nessa época é demonstrativo de como ele foi conflitante na história do desenvolvimento da psicologia soviética, já que reaparece nos mesmos termos em que tinha sido deixado por Rubinstein e

Vygotsky na década de 1930. É interessante, aliás, que, naquela época, Vygotsky já fora mais além, tanto em sua definição da categoria de "situação social do desenvolvimento", como na da categoria de sentido. Com relação a essa última categoria, somente nos anos 80 surgiram referências sobre Vigotsky, através do interessante trabalho de A.N. Leontiev.

No mesmo congresso que deu origem à citação de Leontiev que transcrevemos acima, Talizina expressa uma posição totalmente voltada para o objeto (1966):

> De acordo com essa teoria [está se referindo à teoria de Galperin da formação das ações mentais por etapas], os diferentes tipos de atividade intelectual devem atuar no processo de aprendizado como objetos de assimilação especial. Diante disso, novos tipos de objetos não podem ser assimilados de forma imediata, de uma forma intelectual, ideal. A forma inicial da atividade intelectual é a atividade externa, material (p. 95).

Para a autora, no final das contas, a atividade psíquica origina-se da atividade externa, estabelecendo-se uma relação linear que coloca a atividade psíquica em uma situação de dependência imediata da atividade externa.

Galperin desenvolveu sua teoria da atividade mental dentro da psicologia soviética por etapas, e se localiza no campo da teoria da atividade liderada por A.N. Leontiev. Até o final dos anos 70, as atividades com objetos eram o meio de manter a objetividade do fenômeno psíquico. No entanto, na década de 1970 surge um processo de abertura crítica ao lugar predominante da teoria da atividade na psicologia soviética que tem como momento culminante o simpósio "O problema da atividade na psicologia soviética" realizado no Instituto de Psicologia Geral e Pedagógica de Moscou, em 1977.

No contexto do referido simpósio, disse N.A. Menchinskaya:

> [...] a criança recebe uma parte significativa de seus conhecimentos (nos processos de ensino formal e informal) através da comunicação verbal com as pessoas que a rodeiam. Para muitos dos conhecimentos adquiridos na escola não é necessário e, às vezes, não é possível, criar uma situação tal que a criança possa realizar ações práticas (materiais ou materializáveis) que possibilitem a assimilação do conteúdo do conhecimento (p. 42).

Na discussão que tem início na década de 1970, a intenção é romper o monopólio da interpretação objetal da atividade como princípio explicativo da gênese de todos os processos psíquicos. O grau de dogmatismo com relação à categoria de atividade é tão forte que o que expressou Menchinskaya, e que parece tão óbvio, representou uma ruptura com as representações dominantes de que todo conteúdo, para ser aprendido, tinha primeiro que passar por um momento de operações concretas com objetos materiais, posição defendida veementemente por autores como N. Talizina, uma das principais colaboradoras de Galperin.

A expressão do dogmatismo, com relação ao papel dos objetos materiais na formação da psique, manifesta-se em toda sua extensão na seguinte citação de Talizina (1971):

> A compreensão marxista do psíquico como secundário exige o roteiro do material primário, não só para as imagens, como também para as operações psíquicas. Na qualidade do primário podem estar somente as operações materiais do próprio sujeito. Portanto, a atividade psíquica é a atividade externa material modificada. No curso da transformação desta última, os objetos externos são substituídos por suas imagens, representações e conceitos, e as operações práticas se convertem em psíquicas, teóricas (p. 250).

A esse nível de reducionismo do psíquico ao material externo chegou o famoso axioma que se utiliza – fora do contexto de sua obra – para simbolizar o pensamento de Vygotsky, ou seja, de que toda função psíquica tem primeiramente uma origem social. O social é reduzido a operações com o objeto em contexto imediato. Essa foi a última forma a que chegou a identificação entre o externo e o interno no desenvolvimento da psicologia. Para romper a dicotomia entre o interno e o externo, compreendeu-se o interno como um reflexo do externo, do material, e a psique foi definida como uma transposição de "fora para dentro", gerando a ideia de que todo fenômeno psíquico tem uma origem linear e imediata externa. Isso levou a uma compreensão mecanicista e causativa do psíquico.

Junto ao enfraquecimento da reificação da categoria atividade, começa um processo de revisão dos princípios de desenvolvimento da própria psicologia soviética até aquele momento. Assim, B. Lomov escreve, com relação ao reflexo (1984):

> Ao discutir o problema do reflexo na psicologia, examinamos, antes de tudo, os processos cognitivos, esforçando-nos por demonstrar sua natureza reflexível. Naturalmente, surge a questão de se é ou não justa a posição a respeito da natureza reflexível do psíquico com relação a outros processos e fenômenos psíquicos. Antes de tudo, isso refere-se às emoções (p. 172).

A tendência dominante ao estudo dos processos cognitivos que marca as investigações da psicologia soviética no período compreendido entre os anos 50 e 70, entre outras coisas, responde à intenção de manter a produção do conhecimento dentro dos princípios reitores de uma representação materialista da psique. Os problemas da motivação e da personalidade permanecem quase ignorados durante todo esse período, apesar de que, como ocorre praticamente com todos os processos humanos, grupos pequenos e isolados continuavam a trabalhar sobre essas questões (Bozhovich, Miasichev etc.). Junto a isso, a psicologia social é praticamente inexistente.

A separação entre os processos cognitivos e afetivos que foi gerada dentro da teoria da atividade, e que se relaciona com a separação entre o externo e o interno, foi criticada por vários autores na própria psicologia soviética. Nepomnichaia, por exemplo, escreve (1977):

> A realização da abordagem da atividade, que por si mesma tem um significado decisivo para o desenvolvimento de uma psicologia materialista, deu lugar, concretamente, ao desenvolvimento de uma concepção unilateral e limitada do objeto da investigação psicológica.
>
> No trabalho prático tem lugar um parcelamento, uma divisão das distintas partes do objeto de estudo da psicologia. O pensamento, os processos sensoriais e a atividade são separados da personalidade, e o conceito de personalidade se limita, por exemplo, ao do motivo e não inclui nenhum outro aspecto do sujeito integral (p. 68).

A categoria de sujeito e a de sentido não existem dentro do marco referencial desse momento da psicologia soviética. Vygotsky é retomado em um momento de seu pensamento – mas para isso nunca é muito citado –, o momento da mediação do sinal e da formação do psíquico pela interiorização, que foram dois elementos centrais da obra de Vygotsky adotados por uma psicologia ocidental de forte orientação cognitivista e positivista.

A questão do estudo das emoções e da personalidade gera um conjunto de problemas que transcendem à intenção de reduzir a compreensão da psique a seu caráter reflexível e ao princípio de atividade. Paradoxalmente, a redução da gênese material da psique à atividade reduz a comunicação a uma forma de atividade e não permite compreender a gênese social dos processos psíquicos mais complexos, que se organizam em espaços simbólicos que transcendem o espaço do interpessoal imediato e das atividades concretas dos sujeitos individuais.

A compreensão objetiva e centrada no objeto do social relega a um segundo plano os processos de comunicação no desenvolvimento da psicologia soviética. Esses passam a ser defendidos em sua especificidade a partir da década de 1970, como pudemos observar na citação de Menchinskaya, e, posteriormente, na década de 1980, quando o tema da comunicação será amplamente desenvolvido em sua significação teórica e metodológica por B. Lomov.

A psicologia soviética, nessa etapa de "objetivação" de seu pensamento, exclui a subjetividade e uma visão complexa do social que integre seu momento subjetivo. O social é considerado primordial em relação à psique, precisamente por sua objetividade e exterioridade com relação a ela. Nesse sentido, o social é aqui considerado de uma maneira semelhante àquela que assume sob o behaviorismo, e este tem razões históricas importantes na aproximação do behaviorismo à reflexologia de Pavlov. A raiz materialista do pensamento psicológico russo rompe completamente com a representação complexa e social da psique desenvolvida por Vygotsky e Rubinstein, e reincorpora à psicologia soviética, durante várias décadas, a tendência objetivista e positivista dominante no behaviorismo norte-americano.

O social é reduzido ao interpessoal, ao microssocial processual, pois nem sequer o tema da família como organização microssocial é abordado dentro da psicologia soviética. Dessa maneira o social aparece como contexto objetivo imediato, e é dessa representação geral, para a qual contribui o momento em que Vygotsky expressa que toda função psíquica é primeiramente social, que o social se reduz a sua dimensão natural externa, situando-se essencialmente nos objetos. Os processos mais complexos da vida e sua conotação simbólica estão ausentes nessa interpretação do social. Na psicologia soviética aparece como dominante no período hegemônico da teoria da atividade uma concepção ambientalista e objetiva do social.

Essa forma de compreender o social a que nos referimos exerceu também uma influência significativa na forma pela qual alguns autores de linhas socioculturais se apropriaram do termo, alguns que, como Bruner, resgataram a questão simbólica, reduzindo-a, no entanto, ao interpessoal discursivo e fazendo, com isso, que perdesse o caráter complexo dos processos macrossociais e sua influência na psique. Sobre isso, escreve C. Ratner (2000):

> Não existem coisas "lá fora" no mundo que nos afetem diretamente. Elas são meros significados que são negociados através da comunicação interpessoal. Podemos facilmente cambiar esses conceitos simplesmente renegociando-os com nossos colegas (p. 414).

A crítica de Ratner é pertinente com relação à forma segundo a qual o social é desenvolvido por muitos autores da perspectiva sociocultural e, ao mesmo tempo, ela nos explica a proximidade crescente que vai surgindo entre alguns setores da psicologia sociocultural e do construcionismo social. Paradoxalmente, uma posição hiperrealista, associada com a visão do social como imediato, vai conduzindo a uma posição hiperrelativista, onde as coisas vão perdendo a importância e são substituídas por seus significados e pelos resultados de negociações interpessoais.

1.4. A obra de Vygotsky: tendência à integração do social e do sentido em uma nova visão da psique

A escolha da obra de Vygotsky como exemplo do primeiro momento daquilo que é o objetivo central deste livro – o desenvolvimento de uma nova visão do social a partir da compreensão da subjetividade – não é casual nem arbitrária e foi feita devido à compreensão sistêmica que Vygotsky tem da psique e a seu esforço constante para desenvolver uma visão histórico-cultural dela. Essa visão envolveu passar por diferentes momentos na maneira como ele via as duas coisas, a psique e o social, até finalmente chegar a compreender que a mudança qualitativa de uma está associada inseparavelmente à mudança da outra e que ambos momentos existem em uma relação complexa de recursividade e não de determinismo causal: a psique está configurada socialmente e, ao mesmo tempo, é constituinte do social dentro do processo em que se configura.

Fizemos uma breve passagem pela evolução da psicologia soviética antes de entrar em Vygotsky, precisamente para ilustrar, através da história, a forma que o princípio de que o psíquico é primordialmente social adotou na psicologia soviética. Só mais tarde a psique adquire sua condição psicológica, estabelecendo-se, assim, uma relação de precedência-consequência entre o social e a psique. Essa relação leva necessariamente a que se coloque o social como causa e a psique como efeito, reproduzindo, portanto, um determinismo mecanicista que Vygotsky, precisamente, consegue superar a partir de sua representação dialética dessa complexa relação. Sua representação complexa do social não está pronta *a priori*; ela vai se desenvolvendo no processo da própria obra do autor russo, e na especificidade dos desafios que sua própria produção vai gerando.

Como observei, no começo deste capítulo, a obra de Vygotsky representa um processo vivo, irregular, contraditório, durante o qual o autor foi passando por várias representações da psique, e desenvolvendo as categorias concretas e os problemas associados a cada uma delas. Como Vygotsky teve uma extraordinária vocação teórica, isso fez com que, ao longo de seu trabalho, ele tivesse transitado o tempo todo em uma teoria psicológica geral que, ao mesmo tempo, representa uma teoria geral do desenvolvimento psíquico. Vygotsky integra o processo de desenvolvimento da psique com a apresentação teórica de suas várias formas de organização, aspectos que vão se modificando ao longo de sua obra. Creio que o aproveitamento da obra de Vygotsky tem possibilidades infinitas e que está muito longe de representar um referente homogêneo, coisificado, ou pronto para ser usado como uma fórmula teórica.

As interpretações de Vygotsky, como as de qualquer outro pensador ou corrente de pensamento, são um processo inseparável da posição teórica de quem interpreta. Portanto, é natural que o Vygotsky que predomina na representação da psicologia ocidental seja um Vygotsky relacionado com a mediação semiótica, o que se explica pelas visões pragmáticas e cognitivistas predominantes naqueles que introduziram o psicólogo russo na psicologia ocidental. Quando falo de visões ou de representação, não me refiro a um processo explícito de adoção de ideias, pois muitos autores que renegaram uma teoria e que foram capazes de lhe fazer críticas importantes, ainda assim podem manter um vínculo imaginário com ela. Tal vínculo os leva a reproduzir muitos dos aspectos dessa mesma teoria em suas novas representações ou, pelo menos, a não introduzir em suas novas criações aspectos que sejam muito dissonantes de sua formação de origem. Isso é o que ocorreu, a meu ver, com a tradução da obra de Vygotsky no Ocidente. Foi adotado o Vygotsky possível para as representações predominantes daqueles que o introduziram e isso, é claro, deixou de fora aspectos essenciais do pensamento do próprio Vygotsky.

A realização de uma arqueologia do pensamento de Vigotsky é uma tarefa sumamente difícil, já que as traduções de suas obras não nos dão uma visão histórica bem organizada de seus trabalhos[1] e não explicam por que muitos de seus trabalhos de uma determinada época não foram incluídos nas traduções. Isso nos obriga a uma busca minuciosa, que necessariamente implica usar referências de outros autores diante da impossibilidade de acesso, fora da Rússia, a muitos materiais do próprio Vygotsky.

A obra de Vygotsky associada aos temas de defectologia, desenvolvida entre os anos 1924 e 1930, é extremamente interessante. É nesse período que o autor escreve seu *Tratado de defectologia* a partir de suas experiências. À diferença de outros momentos posteriores, nesse período, Vygotsky aproveita o estímulo dado pela Revolução de Outubro para o desenvolvimento das escolas de pensamento marxista. A nascente ordem social que emerge nos anos pós-revolucionários busca promover mudanças profundas na cultura, e essas mudanças estimularam o desenvolvimento da cultura e do pensamento. No entanto, nesses anos, ainda não se havia produzido a institucionalização ideológica do pensamento que irá caracterizar o stalinismo.

A esse respeito, é interessante a reflexão de Knox e Stevens em sua introdução ao volume II das *Obras completas* de Vygotsky publicadas em inglês (1993):

---

1. Com relação a essa questão da historicidade dos trabalhos de Vygotsky é justo reconhecer o esforço que foi feito para dar uma visão histórica dos textos apresentados na tradução para o inglês das *Obras completas* do autor russo.

> Seria um erro, no entanto, atribuir a influência de Vygotsky na defectologia entre 1924 e 1931 somente às atividades independentes de um brilhante e convencido jovem investigador em um campo em expansão. Contribuíram para a emergência de Vygotsky as tentativas do novo governo bolchevique e dos acadêmicos de estimular ou gerar escolas marxistas de pensamento em um conjunto de disciplinas acadêmicas. Além disso, as atividades e influências de Vygotsky nesse período pareciam personificar as oportunidades sem precedentes que a Revolução podia oferecer aos jovens acadêmicos marxistas (p. 3).

Isso explica sua assimilação criativa e entusiasta do marxismo que lhe servirá de base para sua profunda revisão da psicologia da época. Daí a inseparabilidade de Vygotsky do marxismo e da Revolução de Outubro, processos que devem ser contextualizados por seu significado nos diferentes movimentos da vida do psicólogo.

Infelizmente, com as revoluções, ocorre algo na história da humanidade que é digno de estudo. Seu triunfo estimula um conjunto de valores e posições que posteriormente, com sua institucionalização, são negados e, com frequência, até reprimidos. Essa repressão é, em grande parte, responsável pelo desaparecimento do tipo de organização política alternativa que tentam promover, que, como ocorre com o pensamento científico, como já analisamos anteriormente, parte de uma crítica consequente às representações e valores dominantes do regime social deposto, mas reproduz, na subjetividade de seus protagonistas, muitos daqueles valores e atributos que foram rechaçados. Esses, nas novas circunstâncias históricas, aparecem com novos disfarces ideológicos naquilo que representa um dos processos de subjetivação mais importantes dos acontecimentos sociais e históricos.

Nessa primeira etapa da obra de Vygotsky que estamos analisando, *Princípios de defectologia*, são incorporados muitos de seus textos mais importantes da época. Nessa obra, que é uma recopilação de seus trabalhos orientados para o campo de defectologia, ele vai elaborando as bases para uma nova psicologia geral a partir de sua experiência com a deficiência. Nesse momento de sua obra destacam-se os seguintes aspectos:

- Vygotsky rompe com a naturalização da deficiência como enfermidade e, embora ainda não tenha desenvolvido a categoria de sentido, já se observa em sua produção teórica uma ênfase nas várias consequências de uma experiência segundo a maneira como ela é vivida. Com efeito, isso vai estar fortemente relacionado com o processo de subjetivação dessa experiência em um contexto social concreto.

A organização psíquica da dependência estará mais relacionada com os processos de educação e de socialização desse sujeito do que propriamente com a deficiência que ele apresenta. Na verdade, isso inaugura o tema da construção social da enfermidade, que se define não pela substituição dos processos objetivos relacionados com ela, e sim pela produção social de seu sentido, que adquire o *status* de constituinte de suas próprias manifestações objetivas.

Vygotsky escreve, com relação à forma com que o tema da deficiência era apresentado na literatura (1995):

> A dificuldade da compreensão do desenvolvimento da criança retardada mental surge pelo fato de que o retardo foi considerado uma coisa e não um processo. [...] Disso originou-se a ideia de que o transtorno primário no caso da oligofrenia é indubitável, e que o primário é a base, o principal em todo o transcurso do desenvolvimento da criança. No entanto, do ponto de vista da dialética, não há uma ideia mais errônea e incorreta que essa, precisamente no processo do desenvolvimento, o primário que se apresenta na etapa inicial do desenvolvimento é "diminuído em sua importância"[2] reiteradas vezes pelas novas formações qualitativas que aparecem no desenvolvimento (p. 103).

Nessa citação podemos apreciar claramente como Vygotsky rompe com o determinismo biologístico e mecanicista na compreensão da deficiência e a representa como um elemento que vai adquirindo sentidos diferentes ao longo de seu desenvolvimento. No entanto, nesses momentos de sua obra, Vygotsky ainda não desenvolveu a categoria de sentido como instrumento de significação para explicar esse processo. Por isso, ainda faz uso de uma categoria

---

2. Aqui utilizei "diminuída em sua importância" da edição em inglês já que, em espanhol, na edição publicada por Pueblo y Educación em Havana, aparece "se ocultam" o que corre o risco de ser interpretado como se o transtorno original atuasse de forma semelhante mas em condição latente, quando, na realidade, não é uma questão de ocultar-se e sim de adquirir outro sentido para o processo de desenvolvimento.

mais descritiva que explicativa, que pede emprestado a Adler: a categoria de compensação. A dimensão subjetiva da deficiência será decisiva pela maneira como irá afetar a vida da pessoa.

A mencionada tendência a alterar a natureza da visão do retardo mental leva Vygotsky a romper também com a tendência a rotular o sujeito, própria da abordagem descritivo-comportamental que orienta a semiologia médica. Com relação a isso, ele escreve (1993):

> O estudo da estrutura da personalidade em uma criança oligofrênica progrediu pela primeira vez no estudo do desenvolvimento infantil. Aqui, pela primeira vez, amadureceu o pensamento central de nosso trabalho: é insuficiente afirmar que essa criança é "retardada mental" (isso é o mesmo que dizer que está doente e não curá-la). Isso significa apenas colocar o problema, mas não resolvê-lo. Em outras palavras, é necessário explicar a natureza do retardo cultural que nos confronta; que tipo de estrutura ele tem, quais são os mecanismos e a significação dos processos que formam sua estrutura, qual é a coesão dinâmica dos sintomas individuais, qual é o sistema complexo de onde tiramos nossa representação do retardo mental infantil e como distinguimos os tipos de crianças mentalmente retardadas (p. 132).

A citação acima é verdadeiramente fascinante pela riqueza dos elementos que contém, alguns dos quais são contraditórios entre si. Referindo-se ao problema concreto do retardo, Vygotsky nos coloca diante de um conjunto de questões de valor teórico e metodológico geral para a construção da teoria psicológica, naquilo que foi uma das características gerais de seu pensamento: a integração inseparável da psicologia geral e aplicada, o que implica, aliás o questionamento do termo psicologia aplicada (Valsiner, 1990).

Na mesma citação Vygotsky advoga abertamente uma ciência orientada para o conhecimento de processos e formas de organização do retardo, processos esses que se produzem simultaneamente na psique individual e em uma determinada cultura. Isso nos aproxima de um desafio essencial que é o de como relacionar esses processos da vida social e da psique individual. Nesse processo Vygotsky expressa uma tendência a conhecer os processos que caracterizam aquilo que estuda, que estariam relacionados com o problema estudado e não são uma "estrutura discursiva flutuante" que só se expressa como prática social, sem qualquer referência ao problema da realidade que se define em nível simbólico no próprio espaço dessas práticas. Nessa posição observa-se um compromisso ontológico do pensamento de Vygotsky voltado para o conhecimento psicológico, o que nem sempre é considerado nas interpretações que predominam no cenário e no mercado psicológico atual.

Vygotsky se interessa por desenvolver um conhecimento que o introduza na forma de organização daquilo que estuda. Reconhece no conhecimento a capacidade de dialogar com o espaço da realidade que estuda. Esse reconhecimento não significa uma concepção representacional do conhecimento, já que sua própria obra é uma expressão do caráter processual e construtivo da produção de conhecimento. Vygotsky, como Freud, caracteriza-se pela velocidade com que transita dentro de sua própria obra na abertura de novas áreas de significados do problema estudado.

Epistemologicamente, podemos apreciar um Vygotsky interessado em explicações, não na descrição; explicações que nos permitam conhecer os processos diferenciados através do qual se expressa o desenvolvimento das crianças com retardo mental. Simultaneamente, no entanto, nos fala sobre definir os tipos de retardo mental. Para isso, busca estabelecer uma tipologia – algo que sempre foi uma das tendências na padronização do pensamento psicológico – embora essa tipologia não tenha necessariamente que ser vista nesse sentido, na medida em que pode estar voltada para o conhecimento e a sistematização de aspectos que caracterizam grupos parciais na expressão do problema estudado. A questão está em não colocar a tipologia e a particularização como sendo processos que se excluem.

No *Tratado de defectologia* podemos identificar um conjunto de aspectos da representação geral de Vygotsky sobre a psicologia, que irá se expressando de várias formas e através de categorias diferentes em momentos diferentes de sua obra, mas que, ainda assim, são aspectos que se mantêm estreitamente relacionados entre si, dentro de sua representação mais geral da psique.

Esses aspectos, que consideramos definidores da representação da psique que está em um processo de construção teórica ao longo de toda sua obra, são:

- O caráter sistêmico da psique. Compreender a psique como um sistema, definido mais pela relação entre elementos que pelo conteúdo isolado de qualquer elemento ou experiência. Isso fica claro em sua representação sobre a deficiência e sobre as capacidades, categorias centrais desenvolvidas nos *Fundamentos da defectologia*. A definição de função psíquica superior está presente no tratamento dos temas relacionados com a deficiência. Nesse sentido, ele escreve (1995):

> Portanto, ali, onde temos dificuldade, insuficiência e limitação, ou simplesmente uma tarefa que está mais além das forças das possibilidades naturais dessa função, a função não é apagada automaticamente; ela surge, volta à vida, se realiza com a ajuda daquilo que não tem, por exemplo, o caráter da memorização direta, e se converte em um processo de combinação de imaginação, pensamento etc. (p. 108).

A ideia da compensação da função prejudicada emerge, nos escritos mais avançados incorporados nos *Fundamentos*, da ideia de função psíquica superior, que é representada como um sistema onde as diferentes funções mantêm relações constantes de interfuncionalidade. É precisamente esse caráter sistêmico das funções psíquicas superiores que está na base dos processos de compensação associados à deficiência.

Outro aspecto essencial da representação geral de Vygotsky sobre a psique é a ideia da complexidade das funções psíquicas superiores. O sistema das funções psíquicas é complexo. Com relação à complexidade do intelecto nessa etapa de sua obra, Vygotsky escreve (1995):

> Os investigadores antigos supunham que o intelecto é uma função única, simples, homogênea e sem artifícios e que se temos diante de nós um débil mental, todas suas funções estão reduzidas de uma maneira semelhante [...] Pelo contrário, o que se denomina intelecto é uma diversidade de funções em uma unidade complexa. Mas a unidade não significa a identidade, nem significa a homogeneidade; o estudo da dinâmica dessa estrutura complexa levou os investigadores a concluírem que é impossível manter a posição de que, no caso do retardo, todas as funções do intelecto estejam afetadas de forma idêntica porque, ao representar uma qualidade diferente, cada função afeta de uma forma única o processo de retardo mental (p. 130).

Essa visão da complexidade do processo permite a Vygotsky suplantar a ideia da deficiência mental como entidade, ideia essa que foi predominante em grande parte da representação do retardo mental desenvolvida pela psicometria empírico-descritiva.

Vygotsky associa essa complexidade basicamente às funções psíquicas superiores. Segundo seu critério, elas estão intimamente relacionadas com as funções primárias que é onde se produz o dano original associado com a deficiência. O conceito de função psíquica superior é, para Vygotsky, culturalmente produzido e, portanto, suscetível de desenvolvimento através da educação. Função psíquica superior, educação e desenvolvimento são conceitos intimamente relacionados na concepção de Vygotsky. Nessa direção ele expressa (1995):

> Com o fim de chegar a compreender essa estrutura [refere-se à estrutura do retardo mental] é necessário recorrer ao desenvolvimento da criança retardada mental e não à natureza dos processos patológicos que constituem sua base, pois a complexidade da estrutura surge no processo de desenvolvimento (p. 112).

Aqui é apresentada uma ideia central que será dominante em Vygotsky: a ideia de que a complexidade das formas de organização da psique não se dá *a priori*, e sim que se desenvolvem durante a vida do indivíduo. As funções psíquicas superiores não representam estruturas fechadas e sim formas de organização em permanente processo de desenvolvimento, comprometidas o tempo todo com a ação do sujeito em um determinado contexto social.

A ideia de função psíquica superior está intimamente associada com o caráter social dessas funções, no entanto, Vygotsky, nesse primeiro momento de sua obra, cria uma relação antecedência-consequência com referência ao caráter social de uma função e seu caráter psicológico. Assim, por exemplo, escreve (1995):

> Essa lei pode ser expressa da seguinte maneira: qualquer função psicológica superior no processo do desenvolvimento infantil se manifesta duas vezes, em primeiro lugar como função da conduta coletiva, como a organização da colaboração da criança com as pessoas que a rodeiam; e depois como uma função individual da conduta, como uma capacidade interior da atividade do processo psicológico no sentido estrito e exato dessa palavra (p. 109).

É interessante notar que essa posição de Vygotsky que, como já dissemos, é uma posição inicial no tratamento do caráter social da psique, tenha sido central na interpretação de Vygotsky que predominou na psicologia ocidental. Esse postulado foi tirado de seu contexto original e apresentado como postulado central do pensamento de Vygotsky. Essa posição não considerou os seguintes aspectos desse momento de sua obra:

a) Vygotsky naquele momento tinha uma visão sistêmica das funções psíquicas, mas as representava como funções essencialmente cognitivas; portanto, compreendia o pensamento como um processo cognitivo e não como um processo criativo, de produção de sentido, associado a todas as expressões criativas do homem. Essa concepção de que toda função psíquica é primeiramente social e só depois psíquica mantém a dicotomia entre o social e o psíquico e, por sua vez, a dicotomia entre o interno e o externo, através da qual a causa é colocada do lado de fora – o social – e o efeito do lado de dentro – o psíquico. Essa dicotomia, que atribui a formação social da psique a uma influência social imediata, ignora a complexidade da história do sujeito que atua e a forma pela qual essa história participa no sentido de qualquer experiência social atual. Esse é precisamente um dos aspectos centrais da visão mais madura da psique, tanto de Vygotsky como de Rubinstein;

b) O uso do termo lei está muito associado ao contexto positivista que epistemologicamente representava a possibilidade de um conhecimento psicológico objetivo. É interessante observar como a ausência explícita de uma discussão epistemológica aberta no interior dessa psicologia impôs termos que se mantiveram até hoje, como referentes praticamente intocáveis do sentido da ciência nesse campo. Assim, o uso do termo lei era mais um modismo da época que um conceito maduro, e o curioso é que esse elemento da liturgia objetivista-positivista mantém-se na psicologia soviética até hoje (Bruschlinsky, 2000).

Essa visão do social é totalmente congruente com o conceito de interiorização e isso leva a uma visão da psique como sendo resultado de influências externas objetivas. Com isso, ignora-se o caráter gerador do psíquico bem assim como a maneira como o passado participa da configuração do presente nesse processo.

Em 1934, ou seja, pouco tempo depois de ter escrito esses trechos de *Fundamentos de defectologia* que analisamos aqui, em uma conferência oferecida a estudantes de medicina em Moscou, segundo L.I. Bozhovich (1981) Vygotsky afirmou que

> [...] para uma compreensão correta do papel do meio social no desenvolvimento da criança é necessário focalizá-lo não de uma maneira absoluta mas sim de uma maneira relativa. Dizia também que era preciso estudar o meio, não como uma "situação do desenvolvimento", que por força das qualidades nela contidas determina por si mesma o desenvolvimento da criança. As influências do meio, segundo Vygotsky, variam de acordo com as propriedades psicológicas da criança formadas anteriormente, através das quais se refratam (p. 122).

Nesse momento Vygotsky já incorpora a historicidade do psíquico como aspecto essencial do desenvolvimento, visão essa que irá amadurecer até chegar ao conceito de situação social do desenvolvimento. Conceito básico da obra de Vygotsky, o conceito de situação social do desenvolvimento praticamente não é mencionado pelos autores ocidentais que adotam o psicólogo russo como referente teórico. Vygotsky definiu a situação "social do desenvolvimento" como

> [...] aquela combinação especial dos processos internos do desenvolvimento e das condições externas, que é típica em cada etapa e que condiciona também a dinâmica do desenvolvimento psíquico durante o correspondente período evolutivo e as novas formações psicológicas, qualitativamente peculiares, que surgem quase no final de dito período (p. 123)[3].

Através do conceito de situação social do desenvolvimento, Vygotsky integra o psicológico em sua definição histórica em cada sujeito, com as influências sociais que caracterizam cada período concreto do desenvolvimento humano. É interessante que essa relação é vista do prisma do reflexo que, como vimos antes, foi dominante na psicologia soviética até os anos 80. Aqui se irá atribuir às

---

3. Citação extraída de Bozhovich, L. (1983). *La personalidad y su formación en la edad infantil*. Editora Pueblo y Educación. Havana (p. 123).

aquisições históricas do sujeito a função de refratar as influências externas, sem reconhecer a nova dimensão qualitativa desse processo, que é um processo imprevisível de produção de sentido, e que vai depender também fortemente tanto do estado atual do sujeito, como de seu contexto. A definição de refração é profundamente despersonalizada e, por sua vez, objetivista, já que o novo resultado surge da relação entre dois aspectos objetivamente definidos e que antecedem o próprio processo em que se relacionam. Essas características são contraditórias com a própria definição anterior de Vygotsky segundo a qual o próprio processo de desenvolvimento é definitório das qualidades associadas ao retardo mental.

O pensamento em desenvolvimento que essas complexidades deixam entrever só pode ser compreendido se compreendermos também as encruzilhadas contraditórias em que se debate. Vygotsky tem em mente uma nova representação da psique como sistema, mas ainda está operando com categorias antigas e com categorias e elementos das representações dominantes anteriores. Isso é o que faz com que ele expresse ideias contraditórias que, mais que uma interpretação, exigem uma verdadeira arqueologia de seu pensamento.

Nessa reflexão sobre a evolução da visão que Vygotsky tem do caráter social da psique sente-se claramente a velocidade da evolução de seu pensamento e a impossibilidade de tomar uma de suas citações isoladamente ou de considerá-las representativas de seu pensamento sobre um determinado tema. É preciso compreender o pensamento de Vygotsky em seu processo de desenvolvimento, pois, pelo que parece, o próprio autor nunca teve qualquer intenção de chegar a um produto final de sua obra.

Como resultado da análise de *Fundamentos de defectologia*, podemos concluir que, já naquele momento, Vygotsky tinha uma visão sistêmica, complexa e social da psique, visão que, no entanto, vai evoluir muito em seu desenvolvimento posterior, ao longo do qual irá incorporando novos problemas, desenvolvendo novas categorias e – o que a meu ver é ainda mais importante – compreendendo de uma forma diferente o sistema geral da psique. Essa evolução é acompanhada também por uma redefinição das unidades essenciais para entender o sistema e de maneiras diferentes de entender o social e o histórico no desenvolvimento da psique.

Nessa primeira etapa que estamos analisando, definida essencialmente pelos trabalhos recopilados nos *Fundamentos* (1924-1930), Vygotsky não consegue superar um conjunto de dicotomias como as que assinalamos antes, entre o social e o psíquico, e entre as funções psíquicas elementares e as superiores. Como essas funções são representadas como qualitativamente diferentes, que se relacionam entre si, passa a existir e a se perpetuar um certo dualismo na visão da psique. Vygotsky dá um grande passo à frente, quando representa as funções psíquicas superiores como um sistema complexo e flexível que não depende unilateralmente das funções elementares, de origem natural, que estão em sua base. Através das funções psíquicas superiores, o sujeito pode compensar a deficiência de uma função através da capacidade de complementação do sistema. Essas funções psíquicas superiores, mediadas pela palavra, desenvolvem-se socialmente, representando verdadeiras opções ao funcionamento psicológico. Com isso, a questão da particularização dos processos psíquicos passa a ser um aspecto importante para a construção teórica da psicologia.

Apesar do questionamento teórico que apresentamos, a divisão entre os dois tipos de funções teve uma repercussão extraordinária, tanto teórica como prática, pois permitiu romper com a representação padronizada e homogênea da deficiência, voltando-se para o sujeito da deficiência, concentrando-se nas possibilidades associadas a sua educação, algo que até hoje não se conseguiu totalmente, nem ao nível do sentido comum, nem ao das instituições sociais. Pensamos que o fato de Vygotsky não dispor de uma categoria que lhe permitisse a integração dos aspectos dicotômicos dificultava enormemente a resolução do problema que incluía também a dicotomia do afetivo e do cognitivo.

Evidentemente a solução para essas dicotomias exigia uma nova unidade que permitisse entender o sistema complexo da psique. Esta surge através da categoria de sentido, como veremos mais adiante. O fato de manter sua visão da psique apoiada no conceito de função psíquica superior, que ele representava como sistema do funcionamento cognitivo, levou Vygotsky a compreender o social como estando realmente associado a uma representação cognitiva da psique. Isso ele expressa claramente na relação direta que estabelece entre linguagem interna e pensamento, aspectos que representa em uma relação mecanicista de antecedência-consequência. A linguagem não tem primeiramente uma função de comunicação social para depois ser internalizada como função psíquica, como pensava Vygotsky. Pelo contrário, ela está implicada de forma simultânea em dois processos que podem ser contraditórios e complementares entre si, que são respectivamente o desenvolvimento da socialização e o do pensamento. Nesse momento da análise, Vygotsky ainda não incluiu o aspecto afetivo desse processo.

O afetivo ainda aparece como externo às funções psíquicas superiores. Com relação ao afetivo ele escreve (1995):

> E por último estão as vias indiretas do desenvolvimento, ou seja, a conquista ou o aparecimento de algum novo ponto de desenvolvimento, ou de alguma nova formação na via direta. Aqui tem enorme importância o afeto que estimula a criança a vencer as dificuldades (p. 111).

Aqui Vygotsky ainda não estabeleceu uma relação orgânica entre o afetivo e as funções psíquicas superiores. O afetivo atua a partir de fora, como uma espécie de catalisador do processo básico que é de natureza cognitiva.

É interessante como Vygotsky situa no pensamento coletivo a compensação dos defeitos da cegueira, o que demonstra que está trabalhando ativamente com o conceito de compensação que explica de várias maneiras em textos que estão cronologicamente muito próximos um do outro. Com relação à superação das consequências da cegueira, ele escreve (1995):

> O pensamento coletivo é a fonte fundamental da compensação das consequências da cegueira. Ao desenvolver o pensamento coletivo, nós eliminamos a consequência secundária da cegueira, rompemos nesse elo frágil toda a cadeia criada ao redor do defeito e eliminamos a própria causa do desenvolvimento insuficiente das funções psíquicas superiores na criança cega [...] (p. 189).

Nessa citação, Vygotsky faz uso de uma análise sociológica em sua abordagem do problema, fazendo com que a superação da consequência secundária da cegueira dependa do pensamento coletivo. Ao fazê-lo, porém, não leva em conta o que esse coletivo representa para as pessoas, nem os recursos psicológicos da pessoa ao entrar em contato com o pensamento coletivo, ambos aspectos que, no entanto, apresenta como essenciais em sua definição posterior da situação social do desenvolvimento.

Nesse período de sua obra, a consciência está representada como o sistema de articulação das funções psíquicas superiores. Portanto, a consciência é definida mais como um espaço de integração do que como função e processo. A preocupação pela estrutura que é revelada nessa fase de seus escritos irá se manter também na preocupação que tem pelas formas de organização da psique humana como sistema.

Na etapa que analisamos, o sistema está representado pelas funções psíquicas superiores. Apesar disso, a própria definição do sistema e de sua unidade constitutiva ainda não é o centro de organização do pensamento de Vygotsky. A partir de 1934, com a introdução do conceito de situação social do desenvolvimento, Vygotsky, segundo Bozhovich (1981), começa a buscar a unidade do desenvolvimento psíquico na vivência. Na vivência representa-se a unidade do meio com os recursos alcançados anteriormente pela criança, ou seja, a vivência passa a atuar como a unidade da situação social de desenvolvimento. Essa última, por sua vez, é a unidade essencial através da qual ele tentará explicar o desenvolvimento humano. No entanto, Vygotsky não consegue ultrapassar sua posição cognitivista já que faz com que a vivência dependa das possibilidades intelectuais da criança. Bozhovich (1981) assinala que:

> E se o conceito de vivência sugerido por ele (conceito da relação afetiva da criança com o meio) nos aproximou da interpretação das causas verdadeiras do desenvolvimento infantil, a busca posterior do elo que determina esse desenvolvimento – busca essa que termina no conceito de generalização – novamente nos faz regressar a posições intelectualistas (p. 125).

Evidentemente que o caráter contraditório de seu pensamento, como assinalamos anteriormente, se expressa também na complexa questão da relação entre o afetivo e o cognitivo, que não é alheia à visão da relação entre o social e a psique. Se Vygotsky considera o social como primário, na verdade se mantém em uma definição da psique como reflexo, que só é possível visualizar nas funções cognitivas. A visão do caráter psíquico das emoções, que envolve considerá-las como função psíquica superior, implica conceitualizações novas e profundas que, nesse momento de sua obra, Vygotsky não estava ainda em condições de elaborar.

Com referência à representação que já desde os primeiros momentos de sua obra Vygotsky tinha com relação à emoção, L.I. Bozhovich escreve (1981):

> Ao analisar as emoções como originadas das necessidades instintivas em um de seus primeiros trabalhos (1926), Vygotsky chega à conclusão de que "as emoções são o resultado da apreciação que faz o organismo de sua relação com o meio" [...]. As emoções, segundo Vygotsky, não são estados passivos do organismo; pelo contrário, o incitam à atividade, estimulam e regulam sua ação recíproca com o meio, realizam uma "ditadura da conduta" (p. 110 original de Vygotsky) (p. 127).

Vigotsky nunca fez com que as emoções dependessem da mediação dos significados: apenas não conseguia representar sua origem social da mesma maneira que no caso das funções psíquicas superiores. Isso leva a uma dificuldade para justificar sua origem dentro da representação mais geral que estava desenvolvendo sobre o caráter social das funções psíquicas superiores. Isso talvez seja o que o leva a fazer com que, em última instância, a vivência dependa da capacidade de generalização da criança, pois não encontra outra forma de fazer com que a origem da vivência seja social. Ele só consegue desenvolver essa visibilidade com a introdução da categoria de sentido a qual, apesar de sua repercussão para a construção teórica dos processos motivacionais e da personalidade, não é mencionada por Bozhovich em nenhuma parte do livro citado, que foi sua última e talvez mais sistemática contribuição para a psicologia soviética.

1.4.1. A categoria de sentido e sua significância para a compreensão do social na obra de Vygotsky

A categoria de sentido é uma categoria que aparece na última etapa dos escritos de Vygotsky. Essa etapa, com suas implicações para a psicologia, permaneceu oculta até o importante trabalho de A.A. Leontiev (1992) que foi totalmente dedicado à análise da significância dessa categoria na obra de Vygotsky. Nas décadas de 1970 e de 1980 já se observava uma nova análise da categoria de sentido na psicologia soviética, com relação à definição da categoria de sentido pessoal na obra de Leontiev. No entanto, essa análise tinha como fonte essencial a própria definição de Leontiev e, em relação a ela, alguns de seus discípulos mais jovens (Asmolov, Bratus e outros) tentavam separar a definição de sentido da definição de atividade, tentando compreender o sentido na relação motivo-motivo, o que reorientava definitivamente a compreensão do sentido para a esfera afetiva e, com isso, para a organização de novas formas de entender a subjetividade.

Vygotsky emprega a palavra *sentido* pela primeira vez em seu ensaio sobre a consciência, em 1933. Nesse ensaio, ele discute a "estrutura do sentido da consciência", e nele surge também o conceito de "estrutura de sentido" que ele usa para designar "a imagem cheia de sentido" para a criança. Com esse conceito, ele se distancia da relação direta entre imagem e objeto dominante na representação cognitiva da percepção. No entanto, o uso do termo com a intenção de explicitar um nível qualitativamente diferente do fenômeno psíquico aparece em *Pensamento e linguagem* (1935).

Com referência ao relativo desconhecimento das ideias de Vygotsky sobre o sentido, A.N. Leontiev escreve (1992):

> Existem muitas ideias teóricas nesses trabalhos, no entanto, essas não foram adotadas pelo grupo de Jarkov ou foram apenas parcialmente aceitas. Foi difícil para os historiadores de Vygotsky perceberem essas ideias e, além disso, elas foram deliberadamente ignoradas pelos seus críticos. A mais importante dessas ideias foi a de "sentido" ou "campo de sentido" (p. 41).

Ou seja, a ideia de sentido foi ignorada ou omitida não só na tradução ocidental de Vygotsky, mas também na própria psicologia soviética, que entrava em um rumo que se distanciava teoricamente da possibilidade de desenvolver essa ideia. Isso fica claro pelo fato de que uma das seguidoras de Vygotsky, do grupo de Jarkov, talvez a mais interessada em usar sua obra para o desenvolvimento de uma teoria da personalidade, L.I. Bozhovich, como vimos anteriormente, não mencionará o conceito de sentido em sua análise sobre o papel da emoção na obra de Vygotsky.

Em *Pensamento e linguagem* Vygotsky escreve (1987):

> O sentido de uma palavra é um agregado de todos os fatos psicológicos que surgem em nossa consciência como resultado daque-

la palavra. O sentido é uma formação dinâmica, fluida e complexa que tem inúmeras zonas que variam em sua instabilidade. O significado é apenas uma dessas zonas de sentido que a palavra adquire no contexto da fala. É a mais estável, unificada e precisa dessas zonas. Em contextos diferentes o sentido de uma palavra muda. Ao contrário, o significado é, comparativamente, um ponto fixo e estável que permanece constante apesar de todas as mudanças no sentido da palavra que são associados com seu uso em contextos diferentes (p. 275-276).

Minha interpretação da citação acima aponta para o seguinte:

Vygotsky está se referindo ao sentido como uma "formação dinâmica, fluida e complexa que tem inúmeras zonas" que, segundo ele, está em movimento permanente, daí sua ênfase em instabilidade, que é precisamente o que esteve totalmente ausente no tipo de categorias tradicionalmente utilizadas pela psicologia. Nessa definição, Vygotsky está dando um caráter ontológico bem definido ao sentido. Trata-se de uma ontologia diferente, que não fica reificada em nenhum tipo de conteúdo abstrato, e sim que existe como momento processual do sujeito, associado aos diferentes contextos de sua ação. Isso, no entanto, não nega uma organização a esse processo, o que expressa no conceito de formação, que foi retomado justamente pelos discípulos jovens de Leontiev em sua tentativa de redefinir a categoria de sentido pessoal. Apesar disso, não citaram Vygotsky como sua fonte.

- Na citação, Vygotsky coloca o sentido no espaço da palavra, da palavra inserida no fluxo do falar, que é um momento do sujeito. Situá-la na fala não significa situá-la no significado da palavra, nem tampouco que ela não exista em outras formas de subjetivação.

- Vygotsky expressa com claridade que o sentido representa "um agregado de todos os fatos psicológicos que surgem em nossa consciência como resultado da palavra", ou seja, que o sentido é uma organização de aspectos psicológicos que emergem na consciência, nesse caso, diante da expressão de uma palavra, embora na citação nada indica que isso ocorreria apenas diante do uso da palavra. O sentido aparece assim como uma fonte essencial do processo de subjetivação e é ele que define o que o sujeito experimenta psicologicamente diante da expressão de uma palavra. O sentido articula de forma específica o mundo psicológico historicamente configurado do sujeito com a experiência de um evento atual. Nessa acepção, o sentido acontece em um elemento central de integração dialética entre o histórico e o atual na configuração da psique.

Do que ficou dito anteriormente, fica claro que o sentido tem um *status* ontológico diferenciado para especificar os fenômenos psíquicos humanos, *status* que nos permite marcar a passagem da psique natural para a psique histórico-social, momento qualitativo do psíquico que definimos como subjetividade. Embora em *Pensamento e linguagem* Vygotsky defina o sentido com relação à palavra, na verdade ele também nos indica que o sentido é uma "formação dinâmica, fluida e complexa, que tem inúmeras zonas que variam em sua instabilidade". Nessa afirmação surge uma nova visão de sistema, de um sistema diferente do da consciência como sistema de funções psíquicas superiores. Em seu desenvolvimento posterior, Vygotsky se concentra cada vez mais na visão do sentido como sistema, e a palavra vai cedendo lugar a uma nova formação que tem seu *status* próprio na vida psíquica, elaboração para a qual ainda não estaria preparado nesse momento.

Em *Pensamento e linguagem* Vygotsky nos apresenta um conjunto de ideias com relação ao sentido que, dentro de uma mesma obra, nos permite vislumbrar as alternativas do pensamento vigotskiano com relação a essa categoria que, pelo que parece, é um dos aspectos centrais de sua construção teórica nesse momento. Assim, em outra passagem da mesma obra, Vygotsky escreve (1982):

> Em geral, o problema não é a unidade do afeto e do intelecto como tal, e sim a realização dessa unidade na forma de um "sistema dinâmico de sentidos" o qual abarca tanto a "dinâmica do pensamento" (intelecto) como a "dinâmica da conduta e da atividade concreta da personalidade" (p. 22).

Nessa segunda citação, Vygotsky já está visualizando o sistema dinâmico de sentidos como um novo nível de definição ontológica da psique, o que integra dentro de um mesmo sistema as diferentes instâncias que, em momentos anteriores, eram vistas separadamente. Vygotsky passa a representar a psique humana como um sistema complexo e integrado a partir de sua representação de "sistema de sentidos", definição que nos remete a uma nova ordem: a subjetividade. Nessa nova ordem a definição de sentido não se produz por qualquer influência externa ao sistema psíquico, e sim como resultado de um processo que tem lugar em um nível psíquico, dentro do qual toda influência externa atua através das possibilidades geradoras de sentido da subjetividade em seu momento atual. Essa definição da psique, com efeito, conduz a uma visão diferente sobre a ação do social sobre a psique, visão que rompe definitivamente com a dicotomia social/individualidade.

A produção individual de sentido tem sua gênese no encontro singular de um sujeito com uma experiência social concreta. Esse encontro se produz em várias dimensões: o sujeito vivencia e se representa em nível consciente vários elementos da experiência e associados a ela, sobre os quais nos pode falar, elementos que podem ou não ser portadores de sentido. Por sua vez, o sujeito experimenta emoções que não consegue explicar e sobre as quais, às vezes, nem tem consciência. Ambos os níveis de expressão de sentido subjetivo da experiência integram em uma unidade indissolúvel a história do sujeito e o contexto social da experiência subjetivada, provocando formas diferentes de conduta, emoções e representações que acompanham a posição do sujeito diante da situação. Todo comportamento nessas condições representa um processo de produção de sentidos que, definido dentro de um sistema de sentidos, atua sobre ele, produzindo novos sentidos. Os recursos psicológicos que se expressam nesses comportamentos dependerão não só do sentido da situação, mas também do repertório do sujeito.

Vygotsky não chega a desenvolver a categoria de sentido em sua obra, mas foi muito consistente no pouco que escreveu sobre o tema. E o que escreveu foi suficiente para deixar aberta uma alternativa teórica que incluía a possibilidade de desenvolver uma teoria da subjetividade de uma perspectiva histórico-cultural. Esta, por sua vez, nos permitiria o desenvolvimento permanente de uma teoria psicológica geral cuja elaboração vai se articulando nos vários campos da prática e investigação da psicologia.

A categoria de sentido, como aparece na obra de Vygotsky, representa uma unidade constitutiva da subjetividade, capaz de expressar processos complexos de subjetivação naquilo que têm de dinâmico, irregular e contraditório. A categoria de sentido faz parte da qualidade do psíquico e rompe a lógica dicotômica que caracterizou a produção do conhecimento psicológico. A definição de sentido nos permite ultrapassar as dicotomias consciente-inconsciente, individual-social, afetivo-cognitivo, intra-inter etc., pois o sentido se produz de forma simultânea na integração dessas dimensões.

Como expressa D. Robbins (2000):

> Os elementos superiores da consciência humana são focalizados dentro de uma unidade; no entanto, raramente se compreende que, na teoria da atividade e na teoria sociocultural, o sentido representa uma ordem superior ao significado; que a dialética representa uma ordem superior ao monismo; que o conceito de desenvolvimento significa uma ordem superior à da periodicidade (estágios do desenvolvimento); que a palavra significado representa uma ordem superior à palavra e que os impulsos inconscientes ou subconscientes estimulam a consciência para que essa seja a base da criatividade etc. A visão principal é a de que esses elementos devem ser tomados como uma unidade e não separadamente (p. 9).

A unidade a que a autora se refere é precisamente o sentido, que representou uma das formas em que Vygotsky viu a possibilidade de representar em termos teóricos o "todo", única forma de alcançar uma metateoria psicológica capaz de ser acompanhada através dos múltiplos espaços particulares de construção do pensamento psicológico. Não pode existir uma teoria histórico-cultural que não explique uma metateoria do fenômeno psicológico em sua condição histórico-cultural.

O sentido não representa uma omissão do objetivo e sim uma forma de se representar o processo através do qual o objetivo se converte em psicológico. Assim, os sentidos estão sempre comprometidos com a qualidade do social, seja em uma dimensão histórica ou presente. Nessa qualidade do social entram elementos objetivos e subjetivos, já que a subjetividade é uma das formas adotadas pelo mundo no nível da psique. A subjetividade representa a especificidade ontológica da psique.

Vygotsky não teve tempo para desenvolver as consequências e as diferentes alternativas teóricas possíveis da introdução do termo "sentido". No entanto, uma das principais consequências é o desenvolvimento de uma teoria da subjetividade com profundas implicações para compreender o lugar do social na psicologia.

O sentido nos leva a compreender o social não como algo externo e objetivo com relação ao individual e sim como outro momento de produção de sentidos associada a condições objetivas e de relação que transcendem os espaços e tempos do individual, e dentro dos quais se produz o desenvolvimento da subjetividade individual. Essa subjetividade individual caracteriza historicamente os sujeitos singulares que constituem os diferentes espaços sociais e se expressa nas ações deles, convertendo-se a partir desta perspectiva em ações constituintes de outro momento da subjetividade: a subjetividade social, que, por sua vez, é constituinte do sujeito (González Rey, 1991).

A categoria de sentido favorece uma representação da subjetividade que permite entender a psique não como uma resposta, nem como um reflexo do objetivo, e sim como uma produção de um sujeito que se organiza unicamente em suas condições de vida social, mas que não é um efeito linear de nenhuma dessas condições. Os processos de produção de sentido expressam a capacidade da psique humana para produzir expressões singulares em situações aparentemente semelhantes. Digo aparentemente porque nenhuma situação humana é semelhante a qualquer outra, já que seu sentido é um atributo de sua objetividade.

Com relação à categoria de sentido de Zaporochetz, que foi um dos poucos psicólogos russos que citou Vygotsky em referência a essa categoria, expressou o seguinte (1986):

> Nós temos motivos para crer que, em oposição ao controle intelectual que regula a conduta com relação ao significado objetivo das condições do problema a ser resolvido, o controle emocional garante a correção da ação com relação ao sentido subjetivo daquilo que está sendo feito com respeito à satisfação das necessidades presentes (p. 258).

Na citação de Zaporochetz fica clara a relação do sentido com a emocionalidade, com o mundo do sujeito, que o autor coloca no conceito de necessidade. Em vários trabalhos anteriores tentamos redefinir o conceito de necessidade pela importância que lhe atribuímos, tanto para a compreensão da subjetividade como para a gênese social dos processos subjetivos do sujeito. A necessidade, em nível subjetivo, representa verdadeiramente um estado emocional que aparece como resultado de um espaço de relação social. À diferença da necessidade primária, que está na base da regulação dos processos biológicos, as necessidades subjetivas aparecem a partir da ativação do sujeito diante de uma situação social da qual participa. A necessidade legitima o caráter social e específico das emoções humanas.

Todo sentido subjetivo está associado a necessidades que o sujeito sente no contexto em que atua. Delas se derivam emoções e processos simbólicos que, em suas relações, determinam o sentido da atividade para o sujeito. O sentido representa uma regulação com relação ao sujeito, não da ação do sujeito com relação ao objeto. Esse é um atributo essencial da subjetividade humana, que rompe definitivamente com o reducionismo cognitivo na visão da psique, e também com o racionalismo que sustentou a psicologia ocidental ao longo de sua história. Quando uma pessoa responde agressivamente a seu chefe, não o faz por uma orientação racional; a agressividade não é uma resposta que expressa a adequação cognitiva à situação, e sim uma resposta cujo objetivo é manter a congruência da produção de sentidos do sujeito. É uma resposta que não está orientada para o objeto e sim para o sujeito, o que constitui um elemento central na definição da subjetividade.

A subjetividade legitima os aspectos humanos, tanto dos indivíduos quanto dos espaços sociais em que esses existem. A subjetividade dá lugar a uma lógica que não é unicamente a do dever frente às exigências internas, mas também a do sentir em correspondência com as necessidades que caracterizam um sujeito ou um espaço social em um contexto específico de sua ação social. Nesse sentido, a subjetividade é um conceito extraordinário com relação às diferentes lógicas que, a partir de representações distintas, hegemonizaram a produção de regras sobre o comportamento social. Essas representações nunca reconheceram o direito à particularização e, com isso, é negado também o direito à negociação e, portanto, ao diálogo. Sem esse direito, a democracia não passa de um artifício de poder.

A subjetividade afasta o dever ser de sua relação com o externo, com o que está fora, que foi o princípio universal usado para legitimar a moral, o direito, a política e todas as formas institucionalizadas de consciência social. Essas formas, em cada momento histórico, se apoiaram em sistemas de sentido derivados da condição objetiva dos grupos de poder. Com isso, as normas desenvolvidas a partir dessas instituições acabaram por ser sistemas de poder e de exclusão que, paradoxalmente, e apesar de sua forte carga subjetiva, derivada de sua condição ideológica, se naturalizaram e se converteram em padrões objetivos, reguladores do comportamento social. E, finalmente, se transformaram em sistemas de controle social que negam as necessidades de setores importantíssimos da população.

O sentido não é guiado pelo que é bom ou pelo que é mau, pelo justo ou pelo injusto, estabelecidos a partir da dimensão do comportamento que é o que caracteriza tanto o sentido comum como as instituições sociais. O sentido é guiado por aquilo que o sujeito sente e que nos leva a tentar conhecer a produção social dessa forma de sentir. Por sua vez, isso nos leva necessariamente a definir o culpado, dentro de um determinado contexto, como vítima, em um outro. Essa reflexão não foi feita para que se chegue à conclusão de que, então, tudo é válido e sim, pelo contrário, para começar a agir contra os culpados que sempre permaneceram impunes por sua ocultação simbólica em estruturas e normas profundamente injustas, mas que foram naturalizadas com a correspondente carga universal de justiça.

Os regimes "emancipacionistas" da história falharam em seu caráter libertador precisamente por haverem criado novas formas universais e naturalizadas de ideais sociais e políticos. Essas formas se sustentaram de maneira anistórica, independentes do contexto social e das diferenças entre as pessoas que eram reduzidas a uma massa padronizada e das quais eram esperados comportamentos comuns obedecendo a um conjunto de "princípios sacramentados". Por sua vez, esses princípios expressavam a subjetividade dos líderes e dos grupos de poder e paradoxalmente se naturalizavam, adquirindo o *status* de verdades indiscutíveis, rompendo com a produção de sentido de setores importantes da população. No entanto, a produção de sentido de uma população continua por baixo das aparências comportamentais que ela é obrigada a adotar devido a controles e pressões externas produzidas pelos mecanismos de poder. A meu ver esse foi um dos elementos centrais da queda dos regimes erroneamente chamados de socialistas do Leste Europeu.

É impossível chegar ao socialismo a partir de ideais universais descontextualizados que ignoram, por considerar negativas ou supérfluas, as necessidades diferenciadas de setores também diferentes da população. É interessante observar que os regimes socialistas – sem exceção – sempre favoreceram as "ciências produtivas" e ignoraram as ciências sociais, evidenciando, assim, sua reverência aos "fatores objetivos" que iriam garantir o êxito dos processos de mudança que desenvolvem. Essa lógica, que é externa e que se coisifica como verdadeira, não acompanha a produção de sentido das populações, em permanente desenvolvimento e, com isso, está condenada ao mais absoluto fracasso.

Precisamente um dos aspectos mais perversos do "capitalismo pós-moderno" é a produção de sentidos supérfluos na população, sentidos associados à aparência, ao consumo, ao ócio organizado etc. Eles produzem atividades que as pessoas realizam "voluntariamente" mas que, na verdade, estão governadas pela produção supraindividual de recursos simbólicos que controlam e automatizam a produção de sentidos de pessoas e espaços sociais diversos. Isso faz com que surjam espaços universais que negam as especificidades culturais, nos quais impera aquilo que poderíamos chamar de totalitarismo da média e das formas que respondem aos interesses ideológicos dos grupos econômicos que regem o mundo atual.

A categoria de sentido une inseparavelmente a produção subjetiva a uma história e a um contexto sociais. Ela nos permite fazer uma arqueologia de uma história em cada manifestação de comportamento concreto. Com isso ela rompe com a lógica comportamental da representação do homem, dominante nas instâncias políticas e jurídicas e na qual o comportamento se confunde com *o ser* do sujeito, uma lógica que é reificada com características que são atribuídas a sua natureza quando, na verdade, só se definiram pelo comportamento.

Foucault, brilhantemente, critica esses procedimentos em toda a lógica subjacente à psiquiatria aplicada à instituição jurídica. Com relação a isso, ele diz (2001):

> [...] vocês irão me dizer que a questão não é assim tão séria, e que os psiquiatras, quando lhes pedimos para examinar um delinquente, dizem "afinal, se ele cometeu um roubo é porque é um ladrão; ou se cometeu um assassinato, é porque tem uma compul-

são para matar" – isso nada mais é do que a análise molieresca do mutismo da filha[4] [...]. Mas que, na verdade, é ainda mais grave, e não é grave porque simplesmente pode acarretar a morte como eu lhes dizia há pouco. O que é mais grave é que, na verdade, o que é proposto nesse momento pelo psiquiatra não é uma explicação do crime: na realidade o que tem de ser castigado é a própria coisa, é sobre ela que o aparato judiciário tem de atuar (p. 21).

É precisamente essa lógica comportamental, na qual se sanciona um comportamento que termina sendo naturalizado como uma propriedade de uma pessoa, que o sentido permite suplantar. A lógica descritiva que está subjacente ao uso do comportamento como ponto de partida e de chegada de todas as ações sociais sobre o homem termina sendo substituída pelo sentido que está na base do comportamento. Neste são sintetizados elementos de procedências muito diferentes e de tempos e espaços também diferentes da vida do sujeito. Ele integra de tal forma o social com o especificamente individual, que a reconstrução explicativa de um ato, em termos de seu sentido, acaba aportando conhecimento não só sobre o sujeito que cometeu o ato, mas também da sociedade em que se constituiu. Isso leva a reduzir a importância do sujeito como figura central do fato e a pôr junto a ele, no banco dos réus, a sociedade em que vive.

O sentido expressa a forma singular e psicológica pela qual se manifesta uma história social, com as sutilezas e desdobramentos que essa situação vai tendo dentro da história única de produção de sentidos que caracteriza uma pessoa ou um grupo social. Da mesma forma como ocorre com as pessoas, cada família, bairro, instituição e país têm formas próprias de produção de sentido que afetam de uma maneira ou de outra os sujeitos individuais que os constituem. Em todos esses casos, a relação entre a subjetividade social e a individual é uma relação diferenciada que tem nos sentidos produzidos a forma concreta que essa relação adotou em nível psicológico. O sentido nunca é uma pegada automática deixada pela influência sobre um sujeito ou espaço social. O sentido é

4. Foucault está se referindo ao fato de que Molière, em *Médecin malgré lui*, ato II, cena 4, diz: "Certa malignidade que é causada [...] pela acidez dos homens gerados na concavidade do diafragma, ocorre que esses vapores [...] *ossabards, nequeys, nequer, potarinum, quipsa milus*, é justamente o que faz com que sua filha seja muda' (in: *Oeuvres*, op. cit., VI 1881, p. 87).

uma verdadeira produção psicológica de caráter diferenciado. Dessa forma, o social deixa de ser uma influência externa objetiva que define o interno subjetivo e passa a ser um sistema complexo de natureza subjetiva, dentro do qual se desenvolve de forma simultânea seu próprio tecido humano e os sujeitos que o configuram, que são constituintes desse tecido na mesma medida em que se constituem dentro dele.

A subjetividade, nessa perspectiva em que usamos o termo, não é o oposto da objetividade e sim uma das qualidades da existência objetiva. Com efeito, é uma qualidade na qual a história é definitiva na forma que tomam as dimensões objetivas atuais, dentro de um sistema qualitativamente diferente. Esse sistema acrescenta uma dimensão de sentido aos fenômenos objetivos, um sentido que é responsável pela forma que esses fenômenos adotam nos sistemas de relações do sujeito e em seus comportamentos individuais. É essa dimensão de sentido que permite que os homens e as sociedades enfrentem as situações objetivas com uma criatividade e uma capacidade de ação sobre elas que acabam por modificar o próprio curso do fenômeno. No nível social, o objetivo é sempre configurado em dimensões subjetivas que são as responsáveis pela ação humana. Essas dimensões subjetivas estão socialmente configuradas, ou seja, o social é uma força ativa geradora de sentido de forma permanente, o que quer dizer que é impossível separar-se desse canal gerador de sentido sem que isso implique sua definição como determinante causal e externo da produção de sentidos.

A definição de sentido mais completa que Vygotsky nos apresenta em sua obra foi, a meu ver, a que ele nos traz em *Sobre os problemas de uma psicologia da criatividade dos atores*, onde nos diz (1984):

> No processo da vida em sociedade [...] as emoções entram em novas relações com outros elementos da vida psíquica, novos sistemas aparecem, novos conjuntos de funções psíquicas: unidades de uma ordem mais elevada emergem, governadas por leis especiais, dependências mútuas e formas especiais de conexão e de movimento (p. 328).

Concordo com A.N. Leontiev quando afirma, com relação a esse pensamento: "Tal conjunto é a unidade de 'intelecto e afeto'. Ela forma o sistema dinâmico de sentidos" (p. 42).

Estamos na presença de uma definição complexa, processual e, ao mesmo tempo, portadora de uma forma de organização que se envolve de forma permanente com os contextos de ação do sujeito e que, sendo inseparável de sua condição social, a integra de forma permanente dentro de uma dimensão histórica no nível subjetivo. Isso impede compreender esse processo como uma configuração social, de produção social da psique como um processo que vem de fora para dentro, em termos de um determinismo mecanicista. O pensamento de Vygotsky nos ilustra, talvez melhor que o de qualquer outra pessoa, como a dialética está inseparavelmente relacionada com um pensamento complexo, quando é adotada de forma sã e criativa.

1.5. Os conceitos de ação e de atividade: sua importância para o desenvolvimento do papel do social na visão da psique

No desenvolvimento da teoria histórico-cultural, o conceito de atividade sempre ocupou um lugar importante, embora autores diferentes tivessem ideias também diferentes sobre esse papel. Apesar dessas distinções, o conceito acabou por se transformar em uma supracategoria em relação à qual eram definidas as demais categorias psicológicas. Essa institucionalização do conceito de atividade que teve lugar na teoria da atividade de A.N. Leontiev, na realidade limitou o valor heurístico do termo, ao tentar defini-lo dentro de uma estrutura concreta, que serviria de modelo para definir as restantes categorias e problemas concretos da psicologia.

A atividade se converteu em uma categoria oficial na psicologia soviética e com relação a ela se definia o caráter marxista daquela. Se levarmos em conta a importância que se atribuía à materialidade da psique dentro da ideologia dominante daquele momento histórico, não é estranho que enfatizassem a importância do conceito de atividade para uma definição objetiva da psique. Com efeito, essa qualidade teve mais peso na definição do conceito do que a ideia de ação, ou do caráter processual vinculado ao sujeito que atua.

Nesse afã de objetivar o estudo da psique, chegou-se a substituir a psique pela atividade, ou seja, a explicar os processos psíquicos em termos da atividade. Isso foi objeto de uma forte crítica pelos psicólogos soviéticos desde a década de 1960 (Miasichev, 1960), Bozhovich (1968); porém, como já explicamos antes, o apogeu dessa crítica se produz a partir da década de 1970 e particularmente a partir do simpósio O Problema da Atividade na Psicologia Soviética, celebrado em 1977.

O caráter objetivista da teoria da atividade fica claro se observarmos o papel que ela atribui ao objeto. A atividade é guiada e desenvolvida pela relação imediata dos indivíduos com os objetos. O objeto se transforma em um referente externo permanente da atividade e toda ela está guiada por objetos. Além disso, é uma atividade voltada para os objetos e que se desenvolve através da ação dos sujeitos com os objetos. Os planos do interpessoal, do caráter subjetivo do contexto e do próprio sujeito são completamente ignorados. Essa orientação objetiva da psicologia da atividade é expressa claramente por Kaptelinin quando afirma que (1992): "A orientação geral da Teoria da Atividade pode ser definida como um 'estudo objetivo dos fenômenos subjetivos'" (p. 45).

Em suas versões iniciais, o conceito de atividade está mais associado a processos e a movimentos do que a um tipo de organização. Assim, por exemplo, S.L. Rubinstein escreve (1957):

> A forma essencial de existência do psíquico é sua existência na qualidade de processo, na qualidade de atividade. Essa posição está diretamente relacionada com a convicção de que os processos psíquicos surgem e se desenvolvem somente no processo de interação constante do indivíduo com seu meio (p. 255).

Essa ideia de processo da psique e de seu envolvimento permanente com os sistemas de relações do sujeito foi um ponto central da nova representação da psique desenvolvida pelos psicólogos soviéticos. A partir dessa representação, há uma ruptura com as fórmulas deterministas psíquicas associadas à definição de "causas universais" da psique, sejam essas internas ou externas.

Na teoria da atividade, no entanto, o conceito de atividade é reificado e usa-se a atividade como definição ontológica da psique. Com isso, a "especificidade" de qualquer categoria é definida em termos da atividade. Nesse sentido A.N. Leontiev (1979) definiu o motivo como o "objeto que responde a uma ou a outra necessidade que é refletido sob uma forma ou outra pelo sujeito que leva a cabo a atividade" (p. 6). Com relação a essa posição na definição do motivo, Bozhovich diz (1977):

> A princípio, nessas investigações nos atínhamos às opiniões sustentadas por A.N. Leontiev a respeito das necessidades e motivos. Mas já desde o primeiro momento, nos vimos obrigados a modificar bastante a definição de motivo, pois tornava-se impossível operar com esse termo que sempre pressupunha um objeto da realidade objetiva (p. 56).

Vemos que a imposição do objeto nas definições teóricas da psicologia não acompanha as necessidades da investigação empírica. O conceito do motivo como objeto em Leontiev não tinha uma grande base empírica, pois Leontiev voltou-se principalmente para o estudo dos processos cognitivos em suas investigações empíricas. No entanto, Bozhovich foi uma das investigadoras soviéticas que, à época, dedicava-se ao minoritário campo do estudo da motivação e da personalidade naquela psicologia.

A hipertrofia do aspecto objetivo e estrutural da atividade na teoria da atividade levou a uma "de-subjetivação" da atividade. Contribuiu também para outorgar um papel totalmente secundário ao sujeito no processo da atividade o que, paradoxalmente, fez com que a atividade passasse a ser considerada como um sistema em si, que acabou por substituir a constituição social da psique. Isso se deu porque passou-se a ver a psique como uma interiorização de operações externas, sendo a unidade dessa psicologia as operações e as ações individuais, embora essas individualidades estivessem totalmente determinadas por um processo supraindividual que tinha lugar na atividade.

Sobre isso, escreveu Lomov (1984):

> Como resultado da inadequada identificação da atividade do indivíduo e da sociedade, na análise psicológica perdeu-se de vista, completamente, a relação do indivíduo com outras pessoas. Não poucas vezes o indivíduo foi considerado como uno em sua relação com uma atividade ou com um objeto. A atividade individual às vezes é vista como um sistema fechado, portador de automovimento, que engendra processos perceptivos, mnemônicos e outros mais, e que forma a consciência do indivíduo e sua personalidade (p. 194).

Na verdade, essa reificação da atividade substitui o social por um "ambientalismo operacional" individual e imediato que, como assinalou Lomov, ignora o nível do interindividual. E que, além disso, ignora como processos macro e microssociais, inacessíveis de forma imediata à atividade prática dos sujeitos, se constituem no nível psíquico. A atividade reduzida, com pouca visão, à fórmula de atividade objetiva e material com objetos, acaba impedindo que se visualize como a psique se constitui nos processos e contextos sociais mais complexos da sociedade. Não foi por casualidade que um dos pontos fracos da psicologia soviética foi a ausência de uma psicologia social.

A reificação do objeto na teoria da atividade de Leontiev levou a uma psicologia objetiva despersonalizada e orientada para processos micro, em que os indivíduos se relacionavam com os objetos, ignorando os sistemas de relações e os climas sociais em que essas atividades com objetos tinham lugar. Essa psicologia substituiu as dicotomias dominantes na psicologia por uma identidade estrutural entre a atividade interna e a externa, que acabou por definir tudo em termos do objeto. O mundo interno do sujeito era um mundo internalizado, onde todas as operações possíveis tinham de ser interiorizadas do mundo externo. O sujeito desapareceu, devido a sua identificação mecanicista com as circunstâncias externas.

A teoria da atividade sintetizou duas das piores consequências que o socialismo burocrático teve para a psicologia: a objetivação da psique, já presente no eixo comportamentalista do desenvolvimento da psicologia; e a ignorância dos processos macro e microssociais e, de forma geral, dos processos de comunicação humana, pois a comunicação era subordinada à mesma representação centrada no objeto sobre cuja base se definia a organização da atividade.

Assim, Lizina, que estudava as relações de comunicação nas crianças na perspectiva da teoria da atividade, disse, com relação à comunicação (1978):

> A comunicação, como qualquer atividade, é objetal. O objeto da comunicação é outra pessoa, a contrapartida de sua atividade conjunta. Como objeto concreto da atividade de comunicação servem precisamente aquelas qualidades e propriedades do companheiro que se expressam durante a interação. Refletindo-se na consciência da criança, elas formam a imagem de outra pessoa e se transformam depois no produto da comunicação (p. 237).

Tenta-se estender a validade da liturgia centrada no objeto, associada à definição da atividade, para incorporar a definição de comunicação, e chega-se a ver o outro como objeto da comunicação através das qualidades e propriedades objetivas que expressa nesse processo. Não se vê a comunicação como um processo ativo, gerador de novos sentidos, e sim, tenta-se reduzi-la a um processo orientado a um produto que se desenvolve como reflexo. Essa citação é um exemplo excelente da esterilidade das liturgias oficialmente adotadas no processo de produção do conhecimento.

Essa ausência do aspecto social, que é substituído pelo externo em sua dimensão material, foi criticada com especial veemência por Lomov, a quem já nos referimos anteriormente, e que escreve uma vez mais com relação a essas questões (1975):

> Mas se esgota a vida real do homem, sua existência, só no sistema de reações "sujeito-objeto"? A análise das "atividades que se transformam umas às outras" revela totalmente o processo da vida? Pelo visto, não. A existência social do homem inclui não somente a relação com o mundo dos objetos, naturais ou criados pelo próprio homem, como também com as pessoas, com as quais esse homem entra em contato direto ou através de outras (p. 126).

Na realidade, a teoria da atividade não representou uma evolução com relação às posições desenvolvidas por Vygotsky. Pelo contrário, como defende Zinchenko (1997) ela representou outra teoria, outro caminho que se concentrou na ação como unidade de análise e na atividade como sistema, conceito que, inclusive, não foi definido claramente por Vygotsky.

Tampouco significou um grande progresso no desenvolvimento da compreensão do caráter social da psique, pois, ao concentrar-se no objeto, orientou-se basicamente para a atividade dos indivíduos, justificando o caráter objetivo da psique individual, precisamente com a finalidade de fundamentar o caráter objetivo do estudo da psique. Esse foco, aliado à intenção de evitar se envolver em processos sociais mais complexos, foi um fator que influenciou a orientação dominante dessa psicologia, fazendo-a voltar-se para as funções psicológicas. Nesse sentido, a ausência de investigações e construções teóricas orientadas para problemas sociais complexos foi acompanhada pela ausência também de uma produção teórica orientada para problemas psicológicos complexos, algo que havia sido a orientação principal do trabalho de Vygotsky.

1.5.1. O conceito de ação e sua importância em uma nova visão do subjetivo e do social

O conceito de ação foi sendo desenvolvido por um conjunto de autores europeus (Holzkam, Dreier, Axel) que, em um momento concreto, sofreram uma forte influência da teoria da atividade de Leontiev. No entanto, posteriormente esses autores se distanciaram da atividade como estrutura e começaram a integrar o conceito de ação ao sujeito e a suas práticas sociais. A ação aqui era considerada uma via para a construção diferenciada de uma teoria da subjetividade que se desenvolvia através das práticas sociais de um sujeito concreto. Com essa perspectiva, a análise funcional da atividade ficou ultrapassada e a ação passou a ser considerada como parte de uma constelação de ações associadas à história de um contexto e a um sujeito ativo que participa em um conjunto simultâneo de práticas sociais.

Dreier escreve (1999):

> Nas estruturas sociais das sociedades modernas, os sujeitos participam em mais de um contexto de ação social. Participam durante intervalos de tempo curtos ou longos, seja de forma regular ou em uma única ocasião e por diferentes motivos em um conjunto diverso de contextos sociais. Na condução de suas vidas movimentam-se através desses contextos. A prática social pessoal é *translocal* (p. 32).

Segundo essa perspectiva, a ação se separa de um contexto imediato de ação com objetos e se converte em um sistema complexo de ações sociais que se articulam de forma simultânea em diferentes contextos sociais. O caráter complexo, móvel e processual da ação é ressaltado através do conceito de ação. A ação é colocada em um contexto social complexo, dentro do qual se desenvolve uma subjetividade igualmente complexa, que está, permanentemente, implicada o processo da ação.

O conceito de ação recupera não só o cenário social complexo em que essa ação se realiza, mas também o próprio sujeito da ação que tinha praticamente desaparecido no contexto da teoria da atividade. As ações são ações subjetivadas no contexto plural de práticas sociais. A subjetividade não se impõe às práticas, pode até antecedê-las, mas está permanentemente envolvida com elas e desenvolvendo-se através delas.

Diz Dreier (1999): "Em vez da tal noção abstrata de uma estrutura interna, necessitamos conceituar estruturas subjetivas que mudem de maneira complexa dentro da prática social" (p. 33). Nos trabalhos desses autores a ideia de subjetividade é retomada muito mais com relação aos recursos psicológicos através dos quais o sujeito se expressa em suas práticas e enfatiza-se o conceito de sujeito, de um sujeito ativo que se reposiciona diante de seus diversos contextos de práticas.

Algo importante é que, ao tentar compreender como a subjetividade se desenvolve sobre a base dos contextos complexos e simultâneos de práticas sociais, esses autores não reduzem o sujeito a nenhum dos processos sociais em que se envolve. Com relação a isso, Dreier assinala (1999).

> [...] os sujeitos não estão predeterminados por suas circunstâncias sociais, discursos ou seja o que for; ao contrário, são capazes de se relacionar com eles de várias maneiras, de exercer influência sobre eles ou criticá-los, de contribuir para que mudem etc. (Holzkamp, 1983, p. 33).

Ao sujeito é atribuído um lugar essencial, é o sujeito que realiza a crítica, quem toma posições em suas práticas sociais que podem produzir mudanças. O sujeito de forma ativa regula o emprego de seus recursos subjetivos diante das demandas da ação e sobre a base de suas necessidades. Axel se posiciona claramente com relação a isso e expressa (2002):

> Se a teoria da ação devesse ter em algum momento um ponto nodal, esse é o sujeito. Os sujeitos, nos sistemas societários, são a única fonte da atividade (p. 213).

Os autores da teoria da ação representam o sujeito implicado de forma permanente em sistemas complexos de ação social que atravessam diferentes contextos sociais. Esse sistema de práticas sociais delimita o espaço em que se configura a subjetividade, no entanto, até o ponto que eu li desses autores, não consegui ver sua definição de subjetividade, qual é a especificidade ontológica que atribuem ao subjetivo, e de que forma a subjetividade é constituinte dessas próprias práticas em que se constitui, pois me parece que a subjetividade é um conceito que continua reservado ao individual.

Apesar disso, Axel usa um exemplo que, nos meus termos de focalizar a subjetividade, poderia ilustrar a expressão de um sentido subjetivo imprevisível para a lógica de um sentido comum apoiado em uma cisão comportamental do homem. Axel escreve ainda (2002):

> A diferenciação da subjetividade não tem lugar simplesmente em uma atividade regular, deixando a atividade como ela era antes. Esse é um processo dialético, que deve ser compreendido através da mediação de possibilidades passadas e futuras para o desenvolvimento [...] Nissen (1997) entrevistou algumas jovens envolvidas com o narcotráfico e com prostituição, que falaram do sentimento de vergonha que tinham na presença dos assistentes sociais quando esses as abordavam na rua. Nissen usou isso para indicar a possibilidade da existência de outro sentimento além daquele relacionado com a vida que essas jovens levam. A vergonha pode ser vista como o começo da diferenciação de outras possibilidades através da aceitação e da confiança que os assistentes sociais demonstram com relação a elas. A partir da distorção de suas relações atuais, dos conflitos, reconciliações e atrações subjacentes entre elas e os assistentes sociais, elas têm uma ideia/sentimento da condição humana e de outras formas de conduzir a vida (p. 215).

Esse é um exemplo excelente da uma produção de sentido subjetivo a partir de um novo espaço de relações sociais, aquele criado pelos assistentes sociais em sua relação com elas. No entanto, além daquilo que o autor já menciona com referência às características das relações entre esses assistentes sociais e as prostitutas, devemos nos perguntar também quem são essas prostitutas, quais são suas histórias, qual é o contexto regional e nacional de suas práticas. Todas essas são perguntas relacionadas com uma produção histórica de sentido, na qual sua história pessoal e as diferentes formas de subjetividade social relacionadas ao contexto em que vivem, passam a fazer parte da nova produção de sentido que foi possível em seu relacionamento com os assistentes sociais.

Outros contextos sociais podem acarretar consequências diferentes nas histórias pessoais, marcadas pela fome, pelo estupro e pela violência, que, por exemplo, na América Latina têm dimensões diferentes que na Europa, e como resultado ter também impactos diferentes na configuração da subjetividade. Além disso, os próprios contextos sociais em que a prostituição é exercitada com as formas de subjetividade social dominantes nesses contextos produzem resultados diferentes. Caberia até mesmo perguntar se o sentimento de vergonha foi comum a todas as prostitutas, algo que é quase impossível devido ao caráter diferenciado do desenvolvimento da subjetividade individual.

Os teóricos da ação dão ênfase a duas coisas importantes na compreensão da subjetividade: a primeira é a relação inseparável entre a subjetividade e as ações do sujeito. Um sujeito que compreende sua capacidade para atuar de forma permanente sobre o curso de suas ações através de suas necessidades e reflexões, processos que não existem *a priori* da ação e que, sim, se organizam no próprio curso dessa ação; a segunda é sua compreensão de um ambiente social complexo dentro do qual o sujeito se envolve em diferentes níveis e de forma simultânea. Esses são dois elementos essenciais no desenvolvimento da subjetividade de uma perspectiva histórico-cultural.

No entanto, eles não levam muito em consideração a história dos próprios sujeitos envolvidos nos sistemas de ações, e isso faz com que priorizem o processo atual em detrimento da dimensão histórica na explicação do comportamento. A dimensão processual se impõe à organização da subjetividade. Por isso dá-se prioridade à ação em detrimento dos processos de subjetivação que antecipam a participação do sujeito em suas várias formas de ação, antecipação que é uma das fontes de produção de sentido no curso da ação. A tensão entre os sentidos subjetivos que o sujeito produz no contexto de suas ações atuais e os sentidos associados com as formas históricas de sua organização subjetiva são parte da configuração subjetiva de toda ação humana. No entanto, essa configuração adota muitas formas. Uma delas é a patologia – que ocorre quando o sujeito, a partir dos sentidos historicamente produzidos pelas configurações subjetivas de sua personalidade, é incapaz de produzir novos sentidos em seu sistema atual de ações. Nesse caso, as ações são vivenciadas inteiramente a partir de suas configurações anteriores. Outra é o sujeito que, com uma organização muito frágil de suas configurações históricas e um nível muito elevado de despersonalização, ajusta-se, sem qualquer crítica, a qualquer contexto novo. Isso ocorre, por exemplo, com o enfraquecimento da subjetividade individual nas estruturas totalitárias, indicando outro nível na organização insana da personalidade. Creio que a adequação do termo enfermidade para os estados subjetivos é, como disse recentemente A. Bock (2002), algo que deve ser cuidadosamente examinado.

Ao não definir a especificidade daquilo que entendem como subjetivo, esses autores limitam suas análises às ações. No entanto, isso não é suficiente para julgar os processos de subjetivação associados a cada ação concreta, o que se demonstra ao analisar o próprio exemplo anterior referente às prostitutas e assinalado por Axel.

A teoria da ação social nos aporta uma nova "zona de sentido", um novo espaço de inteligibilidade na compreensão da subjetividade. No entanto, ao usar a subjetividade mais como referente do que como definição, na verdade, a ação se converte na ferramenta conceitual básica, apesar de recorrerem ao interessante processo de diferenciação subjetiva que se desenvolve no curso da ação. Isso representa uma tentativa de evitar o reducionismo objetivo da ação que caracterizou a teoria da atividade na psicologia soviética.

Ao situar na ação o cenário básico de expressão e desenvolvimento da subjetividade, na verdade dão prioridade ao sujeito individual e não definem o espaço social como espaço gerador de subjetividade, como espaço constituído subjetivamente. Nesse sentido, embora a ação, na forma em que eles utilizam o conceito, seja inseparável do conceito de prática social, esse tipo de práticas tem um caráter relacional. Elas se mantêm no plano do intersubjetivo, quando, na realidade, o social é produtor de uma subjetividade que, além de se desenvolver permanentemente nos sistemas intersubjetivos, tem um efeito que vai mais além do intersubjetivo e que se situa nos vários espaços simbólicos que caracterizam os espaços sociais em que o sujeito atua.

Assim, a formação das representações sociais é um processo que atravessa a intersubjetividade, mas que também transcende o intersubjetivo através da mídia, da arte e dos símbolos que, sem uma clara procedência, instalam-se como referenciais do cotidiano. As estruturas discursivas se entrelaçam em tramas sociais "invisíveis" para o sujeito concreto. E, delas, sem passar pelo interativo, são geradas produções simbólicas que são consumidas. Um bom exemplo disso é a representação social da droga considerada como enfermidade e tratada como tal.

O conceito de enfermidade é um conceito que transita pelo imaginário social a partir de um modelo biomédico naturalista que, sem propor-se a isso, favorece ao processo ideológico de naturalização dos problemas sociais que termina situando esses problemas na esfera jurídica e da saúde, mas nunca em uma crítica e revisão das instituições sociais que leve a uma transformação profunda das práticas e formas de organização político-sociais. A política se naturaliza em um estado e um *status quo* que são os que "devem ser" e toda reflexão se situa desse nível para baixo. No entanto, esse nível não implica que, no melhor dos casos, apresenta-se como um supranível despersonalizado ao qual presumimos que não temos acesso, convertendo-nos *a priori* em sujeitos apolíticos. Esses processos sutis e complexos se dão no funcionamento de uma complexa subjetividade social que não se esgota no intersubjetivo, e que é justamente o objetivo final do presente livro.

O social na psicologia quase sempre se desenvolveu a partir do indivíduo como referente, ou, no melhor dos casos, como aparece tratado pelos autores da ação social, como um sistema complexo, dentro do qual o sujeito se desenvolve a partir de suas ações no campo das práticas sociais. No entanto, esse tratamento oculta a maneira pela qual o social – com base em suas tramas constitutivas e passando por cima do sujeito – gera núcleos de subjetivação que, embora nunca se imponham como uma regra universal ao sujeito, na verdade, subordinam setores importantes da subjetividade individual e do funcionamento social. Porém, precisamente pelo caráter subversivo da subjetividade, por sua irredutibilidade a fórmulas universais, mesmo nas piores circunstâncias de dominação e repressão, existem núcleos de subjetivação libertários que configuram o germe da resistência e da mudança dessas formas sociais.

Creio que um dos desafios centrais do desenvolvimento da psicologia social é elaborar modelos de conhecimento suscetíveis de conceituar essas tramas complexas e sutis da subjetividade social e de comprometer-se com a crítica como momento permanente e necessário da configuração de qualquer ordem social. As ciências sociais deixariam de sê-lo se se convertessem em espaços apologéticos e domesticados de qualquer ordem estabelecida, o que não significa a anarquia e sim o exercício da crítica como espaço de desenvolvimento.

2. O SOCIAL E A PSICOLOGIA SOCIAL

2.1. Breve história da construção da psicologia social

Apesar da posição defendida por Wundt com relação à definição da *Volkerpsychologie*, a construção da psicologia social teve sua institucionalização nos Estados Unidos, como disciplina aplicada, a partir da representação comportamental da psicologia e de uma orientação experimental descritiva em nível metodológico, que teve como figura central Floyd Allport. Apesar das diferenças teóricas que tinha com Floyd, seu irmão Gordon, que posteriormente faria contribuições importantes à crítica ao predomínio positivista na psicologia, uniu-se a ele na definição individualista que acabou sendo a base da psicologia social norte-americana.

A plataforma individualista daquela psicologia apoiava-se em uma visão do indivíduo como agente e não como sujeito do comportamento. Por esse motivo, a verdadeira contradição não era que a psicologia social levasse em consideração o indivíduo e sim a maneira como ele era considerado, algo que nem sempre foi levado em consideração pelos opositores dessa posição. Isso contribuiu para a dicotomia entre o social e o individual que esteve presente na psicologia social até nossos dias. A orientação comportamental a que nos referimos na psicologia social norte-americana fica clara na seguinte referência de F. Allport (1924):

> Não há nenhuma psicologia de grupos que não seja essencial e totalmente uma psicologia de indivíduos. A psicologia social não deve ser apresentada como em contraposição à psicologia dos indivíduos, ela é uma parte da psicologia do indivíduo, cujo comportamento ela estuda com relação àquela parte do ambiente que compreende seus semelhantes [...]. Da mesma forma, não existe consciência que não seja a dos indivíduos. A psicologia, em todas suas ramificações, é uma ciência do indivíduo (p. 4).

Está claro que, além de situar o objeto no indivíduo, Allport considera o comportamento dos indivíduos central. Essa é uma das diferenças entre seu pensamento e o do seu irmão Gordon. A definição original de Floyd Allport manteve-se viva até hoje, sendo reforçada por uma definição descritivo-instrumental própria da metodologia positivista. Assim, diz McGuire (1992):

> Uma estratégia é definir a psicologia social por suas variáveis independentes como "o ramo da psicologia que estuda o pensamento, sentimentos e ações humanas na medida em que eles são afetados por outras pessoas". No entanto, esse critério deixa de fora alguns tópicos arquetípicos que estariam incluídos se nós definíssemos o campo em termos de variáveis dependentes, bem assim como das independentes, algo como o estudo dos pensamentos, sentimentos e ações humanas, na medida em que elas afetam ou são afetadas por outras pessoas (p. 558).

O panorama histórico da psicologia social como disciplina que foi desenvolvido por esse autor é bastante interessante; na realidade trata-se basicamente de um panorama da psicologia comportamental, de base positivista. Vemos que sua definição de psicologia social continua centrada no indivíduo, na medida em que esse afeta o comportamento dos outros, ou é afetado por eles; ou seja, o social fica reduzido ao estudo do comportamento nas relações, não existe em nível simbólico, nem tem qualquer outro nível de institucionalização que não seja comportamental. Assim, o social se limita a um conjunto de variáveis externas que atuam sobre o indivíduo e, com isso, não representa um sistema constituído em seus próprios termos. Isto é, de acordo com essa perspectiva, o social não tem sequer uma definição ontológica própria, ele é apenas a expressão de conjuntos de comportamentos em processos de relação. Não existe uma construção teórica que especifique o social com relação ao comportamento.

Essa tendência que se volta para o estudo de variáveis contribuiu para a hegemonia do experimento e da medição na psicologia social norte-americana. Aliás, esses processos dominavam naquele momento o espaço da psicologia como ciência-mãe que, por sua vez, estava dominada por uma psicologia comportamental de base positivista. Devido a essa orientação, proliferavam na psicologia social na metade de 1930 as investigações voltadas para o estudo das atitudes, e as que tinham como base a medição de atitudes orientadas para espaços diferentes de prática e relações sociais, tais como as atitudes com relação à raça, aos estrangeiros, ao trabalho etc. A categoria atitude aparecia assim como a concretização do enfoque comportamental cujo objetivo era medir comportamentos de indivíduos com relação aos demais. O estudo das atitudes esteve em moda por mais de uma década e levou a uma quantidade infinita de definições do termo com suas escalas de medição correspondentes.

Na década de 1930, ocorre uma importante migração de psicólogos e cientistas sociais europeus para os Estados Unidos e isso vai ter uma influência profunda no desenvolvimento da psicologia social daquele país. Assim, autores tão relevantes quanto Lazarsfeld, Adorno, Marcuse e Fromm emigram para os Estados Unidos, influenciando de uma maneira geral o desenvolvimento das ciências sociais no país. Talvez a migração mais importante tenha sido a dos psicólogos da gestalt, que não faziam psicologia social na Europa mas que, ao confrontar-se com o behaviorismo predominante nos Estados Unidos, acabaram sendo responsáveis pelo movimento da psicologia social cognitiva norte-americana, que tanta importância teve nos Estados Unidos e no mundo todo na segunda metade do século XX.

A guerra, como acontecimento social, causou um grande impacto no desenvolvimento da psicologia da época mas, especialmente, definiu a orientação ao estudo de grupos pequenos dentro da psicologia social norte-americana (Farr, 1998). O estudo dos grupos pequenos esteve em moda durante a década de 1950, e recebeu um forte estímulo com o trabalho de K. Lewin. Também nessa época são desenvolvidos conceitos como liderança, coesão grupal etc.

McGuire identifica duas tendências com relação à investigação no desenvolvimento da psicologia social norte-americana: o estilo convergente e o divergente. A primeira, voltada para o fenômeno, é eclética, tem amostras extensas, múltiplas variáveis independentes; a segunda, voltada para a teoria, tem amostras pequenas, variáveis independentes únicas e medidas individuais. Como exemplo da primeira tendência temos as investigações de Hovland e da segunda as de Festinger com relação à dissonância cognitiva. O curioso é que o autor define como orientação teórica aquela tendência que se orienta à verificação de um conceito e na qual as investigações giram em torno desse conceito, embora a investigação esteja totalmente orientada para as mesmas premissas positivistas de verificação, controle e predição. De qualquer forma, isso é interessante, porque o autor destaca um empirismo cego, alheio a qualquer definição de partida e guiado por correlações de variáveis que estão além de qualquer reflexão teórica. Esse é, por exemplo, o caso do estilo convergente, enquanto que, dentro do mesmo espaço epistemológico, desenvolve-se outro tipo de investigação que já tenta seguir uma definição teórica sobre aquilo que é estudado. Embora essa definição possa ser pontual, e suscetível de ser acompanhada diretamente por evidências empíricas, na verdade já expressa uma preocupação com a produção de conceitos capazes de gerar espaços estáveis de investigação.

Muitos autores, assim como McGuire, ignoram completamente a psicologia social que se produziu dentro da sociologia e que, nos Estados Unidos, teve sua raiz em G. Mead. Foi essa divisão que inspirou a diferença entre as psicologias sociais sociológica e a psicológica, defendida por R. Farr. Embora essa divisão tenha uma base nesses dois rumos tomados pela psicologia social em um momento histórico concreto, hoje ela pode, a meu ver, inspirar um sociologismo errado, agora que já temos a oportunidade de conciliar aqueles dois rumos dentro do espaço de uma psicologia social que vai mais além da definição individualista e comportamental que inspirou o rótulo de psicologia social psicológica.

No entanto, o germe da dicotomia entre o social e o individual não vem unicamente da psicologia comportamental de orientação individualista, mas também da sociologia positivista de Durkheim, que afirmou: "Não temos nenhuma objeção a que se caracterize a sociologia como um tipo de psicologia, desde que tenhamos o cuidado de acrescentar que a psicologia social tem suas próprias leis, que não são as mesmas da psicologia individual" (Apud R. Farr, 1998, p. 152). Dessa perspectiva, o individual e o social representam dois tipos de fenômenos diferentes e portanto têm que estar integrados em dois objetos também diferentes para as quais se orientam duas ciências também diferentes: a psicologia e a sociologia. O espaço simbólico reificado na divisão da psicologia social psicológica e na psicologia social sociológica perpetuou uma dicotomia que só teve valor em um determinado contexto histórico e sob uma determinada representação da ciência, a positivista. No entanto, se extraída daquele contexto e daquela visão, essa dicotomia pode dificultar o desenvolvimento de um espaço integrador da psicologia, cujo desafio será o tema de nosso terceiro capítulo.

A figura de G. Mead foi central para o desenvolvimento da psicologia social sociológica nos Estados Unidos. Mead chegou a Chicago para trabalhar como professor a convite de J. Dewey que, em 1894, foi designado chefe do Departamento de Filosofia daquela Universidade. Permaneceu nela até 1931, ano de sua morte. A influência de Mead produziu-se sobretudo na área de sociologia, porque seu pensamento foi totalmente ignorado pelos psicólogos que se desenvolviam dentro do imaginário naturalista e ambientalista do condutismo watsoniano que, aliás, tinha obtido um extraordinário poder político-institucional com a eleição de Watson para presidente da APA no período entre 1912 e 1915.

O trabalho de Mead reivindica a importância da linguagem como forma de interação simbólica, algo que tinha passado despercebido até para Skinner. A partir daí, a linguagem passa a ser considerada como um aspecto importante no desenvolvimento daquela psicologia social sociológica, fortemente voltada para o estudo dos processos de comunicação. Mead dá um passo importantíssimo ao reconhecer que o *self* é socialmente produzido como expressão da interação social. No entanto, o *outro* aparece em uma dimensão externa com relação ao sujeito, esse outro aparece na dimensão do *role* assumido pelo indivíduo. Ao assumir os *roles* do outro, nos vamos convertendo em um objeto para nós mesmos. É interessante que essa visão social da mente vai se desenvolvendo paralelamente aos trabalhos de Vygotsky com relação às crianças com necessidades especiais entre 1924 e 1930 e que a concepção do social naquele primeiro Vygotsky, como já vimos no capítulo anterior, é também a de um trânsito de fora para dentro, através da interiorização.

Para Mead os outros são a via de desenvolvimento do *self*, e esse trânsito se dá através da comunicação. Assim, em 1934, Mead escreve:

> Não conheço nenhuma outra forma de conduta, além da linguística, na qual o indivíduo seja um objeto para si e, até onde posso ver, onde o indivíduo não é uma pessoa no sentido reflexivo, a menos que seja um objeto para si. É esse fato que confere uma importância crítica à comunicação, pois trata-se de um tipo de conduta na qual o indivíduo reage frente a si próprio (p. 173).

Mead analisa o *self* no processo da ação e da comunicação humana. No entanto, essa comunicação sempre encontra sua matéria-prima fora, nos gestos e significados produzidos pelos outros. Isso só ocorre em um determinado momento da ontogênese, mas não na generalização produzida por Mead com relação à consciência do significado que sempre implica uma resposta que pressupõe a existência do outro. Nesse sentido, a comunicação se absolutiza como meio de produção do psicológico e o *self* aparece como um epifenômeno do processo comunicativo, sem nenhuma capacidade geradora. Em certa medida isso aparece também no Vygotsky da primeira fase. No entanto, Vygotsky escapa do reducionismo sociológico de Mead graças ao conceito de função psíquica superior que já configura um sistema com capacidade geradora que, embora produzido socialmente, se expressa de forma diferenciada em nível psicológico na história dos sujeitos singulares.

Por outro lado, no contexto histórico da obra de Mead, o conceito de *self* é de grande importância, uma vez que a incorporação de um significado ao *self* resulta de uma relação com os outros e isso supera a mera consciência de uma estimulação que termina por se concretizar em uma conduta. Ressaltar a importância dos processos de significação socialmente produzidos como aspecto central na constituição do *self* representa, sem dúvida, um momento marcante no desenvolvimento de uma visão social da mente, que rompeu com o naturalismo predominante na psicologia da época. No entanto, de certa maneira, isso também aumentou cada vez mais a distância entre uma visão social e uma visão psicológica da mente, já que a visão social enfatizava os processos simbólicos e de significação, mas não incluía outros processos mais pessoais e individuais, de caráter emocional. Embora esses processos fossem também sociais por sua gênese, não podiam ser representados através da significação e dos rumos conceituais da nascente psicologia social sociológica. Esses são os processos que Vygotsky conceitualizou como sentidos, como vimos no primeiro capítulo deste livro.

Nessa seção, analisaremos Mead apenas como um momento importante no desenvolvimento histórico da psicologia social, pois sua obra significou um giro na direção de um novo tipo de psicologia social: a psicologia social sociológica que, de uma forma ou de outra, está presente, como veremos na próxima seção, nas principais correntes do pensamento da psicologia social até nossos dias.

Outro aspecto importante na definição do *self* que Mead apresenta é a característica processual desse sistema, o que se contrapõe ao caráter estático e descritivo que caracterizava o tipo de unidades conceituais predominantes em uma parte importante da psicologia social comportamental (atitudes, crenças, valores etc.). A proposta de psicologia social desenvolvida por Mead encontra sua continuação na sociologia, com o interacionismo simbólico. Para Mead, como indica Robert Farr (1998), "o ato comunicativo é a unidade de análise básica da psicologia social" (p. 155), com o qual se inicia, a meu ver, a exclusão progressiva do sujeito individual da psicologia social, substituindo-o, dessa outra perspectiva sociológica, pelos processos de comunicação. Isso é totalmente congruente com a afirmação feita por Moscovici, muitos anos mais tarde (1986), quando disse:

> Como é fácil de imaginar, não existe unanimidade nesse ponto. Mas creio que na atualidade, após o abandono do condutismo, o número daqueles que estariam de acordo com a definição que estabeleci em 1970 seria mais elevado; e eu formularia, escreveria então, como objeto central, exclusivo da psicossociologia, todos os fenômenos relacionados com a ideologia e a comunicação, ordenados segundo sua gênese, estrutura e função (p. 19).

Essa psicologia social sociológica, na qual se coloca Moscovici, reivindica a importância dos processos que têm sua gênese no social, e critica a psicologia social individualista clássica, que concebe as "causas" do comportamento em nível intrapsíquico. Com relação a isso, escreve Blumer (1969):

> No esquema psicológico típico, da mesma maneira, fatores como motivos, atitudes, complexos ocultos, elementos de organização psicológica e processos psicológicos são usados para explicar a conduta, sem nenhuma necessidade de considerar a interação social. A interação social passa a ser o mero fórum através do qual os determinantes psicológicos ou sociológicos estimulam a expressão de formas determinadas de conduta humana (p. 7).

Blumer resgata o espaço ativo da interação, no entanto, no que se refere às formas de constituição do tecido social que transitam por todos os espaços de interação e que não são gerados neles. Apesar de destacar a importância da interação, Blumer reconhece o caráter ativo dos participantes nessas interações, embora limite esse caráter ativo a um processamento de sentidos já produzidos. Com referência a isso, ele escreve (1969):

> Em virtude desse processo de comunicação consigo mesmo, a interpretação se converte em um caso de manipulação de sentidos. O autor seleciona, checa, suspende, reagrupa e transforma os sentidos à luz da situação em que se encontra e das direções de sua ação [...]. A interpretação não deve ser considerada como uma mera aplicação de sentidos estabelecidos e sim como um processo formativo no qual os sentidos são usados e revisados como instrumentos para o roteiro e a formação da ação (p. 5).

Como podemos observar, o autor refere-se aos sentidos, mas esses sentidos antecedem o sujeito da comunicação. Ou seja, ele os usa, mas não os produz. O caráter ativo de sujeito reduz-se a "usar e revisar os sentidos como instrumentos para o roteiro e a formação da ação". No entanto, nota-se que a questão da produção de sentidos é algo contraditório para ele que, em sua obra, não chega a resolver o problema, inclusive porque não esclarece a que se refere quando fala de sentido. Assim, tentando preservar o caráter singular do sentido, ele indica, em outro momento da mesma obra: "O sentido dos objetos para uma pessoa se desenvolve fundamentalmente fora da maneira em que eles (os objetos) são definidos para ela pelos outros com quem interage" (p. 11). Aqui se observa a tentativa de manter a especificidade da pessoa na produção do sentido, mas também a impressão que temos é que Blumer usa o termo "sentido" como significado, já que, para ele, o sentido é uma produção relacional e/ou pessoal que nunca se define explicitamente de fora, e que é sempre parte de um processo que envolve as pessoas de forma diferenciada.

Blumer tenta articular a pessoa e a produção social em uma situação interativa. Posteriormente, essa articulação se perde na psicologia social sociológica, pois o sujeito vai ficando fora de sua produção e também ficam fora os processos subjetivos que caracterizam os espaços sociais. Segundo Farr, em uma interpretação que compartilho (1998):

> As diferenças entre Mead e Blumer são tão grandes que é difícil crer que este último tenha alcançado uma compreensão perfeita do significado da obra do primeiro. Mead propôs uma filosofia

> completa da ação, Blumer estava mais interessado na interpretação da ação do que na própria ação; isto é, Blumer não era um behaviorista social (p. 157).

Talvez seja essa diferença indicada por Farr que faz com que Blumer preocupe-se muito mais com a pessoa que desenvolve a ação no contexto interativo.

A psicologia social sociológica tenta resgatar o valor do social essencialmente através da comunicação e do relacional, aos quais mais tarde será agregado o ideológico, como vimos anteriormente na citação de Moscovici. No entanto, a meu ver, ficam fora dessa tentativa tanto a definição do social como sistema complexo quanto o lugar ativo e contraditório do sujeito individual dentro desse sistema.

Essa tendência adotada pela psicossociologia em um determinado momento histórico é muito bem ilustrada em uma citação de Fernández Christlieb que, aliás, tornou-se emblemática nos meus vários trabalhos sobre o tema, pois expressa com toda clareza o rumo que marcou a evolução desse movimento nos anos 80 e 90. O autor escreve (1990):

> Já que os fenômenos sociais não estão estritamente dentro dos indivíduos, qualquer explicação psicológica que deles se dê tampouco pode estar; daí o fato de a colocarem no vínculo, nexo ou interação sociais, com ênfase em sua instância simbólica ou subjetiva. É por isso que a comunicação passa a ser o objeto da psicossociologia (p. 171).

Na minha opinião, o fenômeno relacional se organiza em um espaço social vivo, portador de uma história e de uma forma atual de organização. Mas organiza-se também através das ações dos sujeitos que o constituem, que trazem suas próprias histórias na forma de sentidos subjetivos. Essas histórias constituem suas ações dentro desses espaços sociais, produzindo, assim, novos focos de subjetivação que são imprevisíveis em termos da organização desses espaços.

As posições sustentadas pelos autores mencionados acima com relação à psicologia social sociológica são totalmente congruentes com a posição defendida por Mead, ou seja, que o ato comunicativo é a unidade básica de análise da psicologia social, privilegia o estudo das situações interativas mas desconsidera o estudo das formas de organização e os processos que permitem a produção de inteligibilidade sobre espaços e processos sociais complexos, como as instituições, a sociedade vista em nível macro, os processos políticos etc.

Com a psicologia social sociológica surge uma psicologia dirigida verdadeiramente para os fatos e processos sociais. No entanto, sua ênfase na comunicação a vai dirigindo para um novo foco que deixa de lado importantes produções sociais de caráter psicológico, pois, em termos psicológicos, não fica claro qual é o tipo de unidade utilizada, já que a comunicação é um campo de estudo de todas as ciências sociais. Apesar disso, a representação comportamental da psicologia centrada nos indivíduos foi tão forte que o próprio conceito de Representação Social – através do qual se foi apresentando um conjunto de fenômenos e processos como produções sociais – também surgiu na investigação empírica de forma totalmente descritiva, uma forma semelhante à que ocorreu com outras categorias que também foram utilizadas pela psicologia social, tais como a da atitude e a da opinião (Wagner, 1998).

A separação entre psicologia social psicológica e psicologia sociológica não permitiu que essa última se alimentasse das representações e processos que vinham se desenvolvendo nas várias tendências que vinham evoluindo na ciência psicológica. Com efeito, é interessante observar que quando os próprios psicólogos sociais resgataram Vygotsky para o campo da psicologia social, o colocaram ao lado de Mead, ou muito relacionado com as posições de Mead (Farr, Blanco, Wagner, Moscovici). Mas, na verdade, a grande diferença entre Mead e Vygotsky é que Mead se concentra na comunicação, na linguagem e na ação, enquanto Vygotsky volta-se para a produção de uma teoria psicológica na qual a linguagem, a comunicação e a ação são importantes sim, mas importantes para o desenvolvimento de uma teoria psicológica geral, que vai adquirindo formas diferentes ao longo de seu trabalho.

Na construção de seu objeto, a psicologia social tenta também delimitar sua especificidade, dedicando-se mais a certos tipos de problemas concretos considerados como sociais que, como vimos no decorrer desta seção, vão desde o comportamento em situações de relação, até processos socialmente produzidos, onde a visualização dos sujeitos que se expressam neles aparece mais como um resultado do que como um elemento constituinte desses processos, como a comunicação, a ideologia e as representações sociais. No entanto, a sociedade e seus vários espaços, processos e organizações não fez parte da construção histórica da psicologia social, o que talvez se explique pela notória ausência de produções psicológicas na economia, na política, no direito e em outros campos afins das ciências sociais. Chegou-se ao paradoxo de que a escola, que é um campo histórico da chamada psicologia escolar, não era estudada como problema da psicologia social porque já era objeto de outro campo da ciência psicológica. Essa lógica se apoiou na definição fenomênica de objeto dominante na construção da psicologia como consequência da herança positivista que dominou esse campo epistemologicamente.

Outro dos aspectos que influenciaram essa fragmentação da psicologia foi a divisão entre psicologia básica e psicologia aplicada. Essa divisão não permitiu que se compreendesse a relação necessária entre teoria, investigação e prática que caracteriza qualquer campo de saber. O resultado foi que, tanto na psicologia social, como em outras áreas consideradas aplicadas, foram incorporados problemas que não eram acompanhados de nenhum nível de construção teórica e se associavam com práticas que automática e irrefletidamente eram aditadas a um campo ou a outro. Exemplos disso foram o aprendizado como área da psicologia escolar, ou o estudo dos grupos pequenos como campo da psicologia social, quando, na verdade, essas questões podem ser simultaneamente problemas dessas duas áreas da psicologia.

2.2. A psicologia social em sua passagem de significado a discurso – De Mead ao construcionismo social

2.2.1. As consequências do pensamento de Mead para a evolução da psicologia social

Como ocorre com todas as teorias, a de Mead influenciou de várias maneiras o cenário da psicologia social. Nesta seção iremos abordar com mais detalhe apenas como o significado e o ato comunicativo foram ocupando um espaço privilegiado na construção da psicologia social e hegemonizando o espaço alternativo à psicologia social comportamental. Mead começa por um caminho em que enfatiza o caráter processual da relação do homem com o meio social, rompendo com as taxonomias de categorias estáticas que caracterizavam a abordagem comportamental na psicologia social.

A partir da importância que Mead dá ao uso dos símbolos, abre-se uma nova perspectiva para a compreensão do caráter social da consciência. Essa visão tem uma forte semelhança com a primeira fase de Vygotsky, ou seja, a fase em que ele enfatiza o sinal e a interiorização na definição social da psique. No entanto, à diferença de Vygotsky, Mead se interessa pelo papel mediador da consciência como processo de adaptação, mas não se interessa pela construção teórica da consciência em sua especificidade psicológica. Por outro lado, para Vygotsky, a produção de alternativas para a visão da psique em uma perspectiva histórico-social foi uma inquietude permanente, como fica claro com a introdução do conceito de função psíquica superior naquele primeiro momento de seu trabalho. Para Mead, como veremos, as categorias psicológicas, como a do *self* ou a do pensamento, terminam sendo um epifenômeno do comportamento social do sujeito, sem qualquer tipo de especificidade qualitativa.

No aspecto propriamente psicológico, Mead também se apoia em uma visão instintiva do homem, embora enfatize o valor do simbólico na formação da pessoa. O simbólico está associado aos processos e ações sociais do homem e existe enquanto dimensão desses, mas não está associado ao desenvolvimento de uma psique diferente. O aspecto simbólico está mais relacionado com a condição comunicativa do sujeito do que com a organização de seus processos psíquicos. O *self*, como veremos mais adiante, é intrínseco à relação, e não constitutivo do sujeito da relação. A pessoa continua representada através de uma estrutura instintiva básica, e ele coloca no sistema nervoso construções hipotéticas que respondiam, mais que tudo, a sua visão paradoxalmente organicista da natureza humana.

Em Mead, o desenvolvimento da capacidade simbólica da pessoa acompanha um conjunto de momentos situados no mundo externo. Com eles, a pessoa mantém uma relação de exteriorização comportamental, não participando das transformações qualitativas dos próprios processos psíquicos envolvidos nessas mudanças. Assim, por exemplo, Mead estabelece um processo evolutivo que se baseia nos instintos humanos como força inicial, passa pelo gesto vocal e daí ao significado, como precedentes necessários para chegar ao *self*. O *self* é resultado de uma posição do sujeito com relação a si mesmo, enquanto objeto de comunicação, e não de uma evolução que se desenvolve de forma simultânea nas relações da criança e na qualidade de seus diferentes processos psíquicos. Esses últimos vão se desenvolvendo como momentos da vida social, aspecto que caracteriza a obra de Vygotsky em todos os seus momentos.

Mead dá uma grande importância à interação quando busca conciliar uma natureza instintiva individual com a capacidade dos indivíduos de manterem uma vida social baseada no nível simbólico. Mais que uma superação dos dualismos, como colocam alguns autores que abordaram a importância que Mead teve para a psicologia (Blanco, A., 1996; Martínez Tejeda, G., 2002), Mead irá tentar integrar extremos opostos que se mantiveram como dicotomias na história do pensamento psicológico: o momento instintivo, individual e natural e o momento simbólico como produção social. O homem tem uma natureza básica com capacidade para apoiar processos essencialmente sociais em seu comportamento, que lhe é dada por sua capacidade de reflexividade e pelo *self*. No entanto essa reflexão de Mead não o leva, como faz Vygotsky, a questionar o caráter da psique. Por isso, não pode organizar uma nova proposta sobre ela, limitando-se a estudar novas formas de comportamento que se dão nos espaços sócio-simbólicos dos grupos humanos.

Nossa interpretação anterior tem sustentação suficiente no pensamento de Mead. Assim, por exemplo, em uma citação em que integra com muita clareza sua visão dos vários momentos que constituem a pessoa, ele diz (1909):

> As posições que tenho em mente são as seguintes: que a natureza humana está dotada e organizada por instintos e impulsos sociais; que a consciência do significado se adquire através da comunicação social; e, finalmente, que o ego, o *self* que está envolvido em cada ato, em cada volição, e com referência ao qual são realizados nossos juízos primários de valoração, forma parte de uma consciência social dentro da qual os sócios, os outros egos, estão tão presentes como o próprio sujeito (p. 403).

Na citação anterior manifesta-se com extrema nitidez a incapacidade de Mead de pensar em uma natureza humana diferente em função da condição social e cultural do homem. Para ele, o ser humano continua tendo uma natureza constituída por instintos e impulsos sociais, enquanto que a consciência do significado é adquirida na intercomunicação social. Isso não tem nada que ver com mudanças na própria organização psíquica da pessoa, que atua mais como a base para que se produzam os significados do que como um sujeito ativo produtor de significados. E, finalmente, o ego aparece muito mais aditado a um campo social que ao campo subjetivo do sujeito que se expressa e se assume em suas relações de comunicação. É provável que essa visão tenha representado, dessa perspectiva mais pragmática, o primeiro momento da morte do sujeito, morte que posteriormente, e de várias formas, vai-se apresentar no pensamento pós-estruturalista francês e no construcionismo social.

Nas ideias de Mead vai-se perfilando um pensamento que separa o comportamento social simbólico, relacionado com os outros, do processo de subjetivação que integra a história de cada sujeito como momento de sentido de suas relações com os outros. O *self*, como afirma o próprio Mead, forma parte de uma consciência social na qual "os outros egos estão tão presentes como o próprio sujeito". Portanto, o sujeito existe como sistema de disposições procedentes de uma natureza humana que favorece seu comportamento social. Mas esse comportamento é produzido como processo de relação, no qual o sujeito só participa como momento do cenário simbólico, surgido dentro da própria relação com os demais. Os processos de subjetivação do sujeito, que integram suas histórias diferenciadas nos contextos dentro dos quais suas relações atuais se desenvolvem, são omitidos totalmente.

A separação entre o social simbólico e os processos psíquicos da pessoa é evidente ao longo do trabalho de Mead, que afirma, em um momento de análise dessas experiências (1964):

> Os primeiros preceitos sociais da criança são os outros. Depois disso aparecem os si mesmos (*selves*) parciais e incompletos que são bastante análogos às prescrições que a criança tem de suas mãos e pés e que precedem a percepção de si mesmo como um todo. A mera presença da experiência afetiva, da imaginação, das sensações orgânicas não implica a consciência de um *self* a que pertençam as ditas experiências (p. 139).

Mead coloca a experiência da configuração do *self* em termos da imagem de si mesmo, somente na relação com os outros. O resultado é seu modelo geral de pensar o *self* que o leva a ignorar a complexidade e o caráter sistêmico desse processo. Nesse mesmo processo, de forma simultânea, vão-se dando mudanças que se inter-relacionam intimamente, tanto em nível psíquico, na criança, como em suas inter-relações sociais, que vão ter sentidos diferentes segundo a produção psicológica associada a esses espaços de relação com os demais.

Em Mead se apresenta uma concepção exteriorizada da formação dos processos simbólicos, na qual esses processos vão se desenvolvendo unicamente a partir de influências externas que atuam sobre o sujeito e passam a ser processos internos apenas depois da internalização. Como assinala A. Blanco (1996): "Primeiro a comunicação com o outro através do gesto, depois a consciência de significado e só então, quando se está consciente desse último, encontra-se o indivíduo com disposição para dirigir-se a si mesmo, de indicar-se coisas, de atuar com referência a si mesmo como o faz com referência a outro, de ser afetado por sua própria conduta como influi e é influenciado pela conduta dos outros" (Mead, 1913: 45). Nessa sequência que o autor nos sintetiza aparece claramente o caráter exteriorizado da formação do *self*, bem assim como dos vários momentos que o antecedem no desenvolvimento dos processos simbólicos da criança. O *self* se define quando a pessoa é capaz de se assumir como um objeto para si mesma, e desenvolve a capacidade de se relacionar consigo mesma como se relaciona com os demais, e de reagir a seus próprios comportamentos como reagiria aos dos outros, naquilo que seria um *self* definido por sua reatividade e não por sua criatividade e capacidade produtiva.

A sequência descrita se desenvolve a partir de uma série de momentos externos que se vão produzindo sem nenhuma mudança qualitativa nos processos psíquicos. O resultado interno aparece como um momento no desenvolvimento dessa sequência de eventos externos, um momento que não é influenciado de modo algum pelas histórias diferenciadas dos protagonistas, nem por seus recursos atuais, ou seja, aparece como um resultado imposto de fora, ou que se interioriza, no sentido exato de passagem linear do externo para o interno.

O fato de que Mead atribui ao gesto vocal a responsabilidade de um processo tão complexo como é a formação do significado e da própria consciência, e de que veja esse gesto como um ato isolado da trama psíquica do sujeito que o expressa, institucionaliza a divisão entre o intra e o inter, como sendo qualidades diferentes; o primeiro plano associado aos instintos definidores de uma natureza humana e o segundo, situado no nível do simbólico, mais associado à vida social do sujeito. Isso vai aprofundando a diferença entre o psíquico e o simbólico, e entre o intrapsíquico e o relacional, algo que vai levar a psicologia social a se concentrar no simbólico e no relacional em oposição a sua variante comportamental, situada em um marco naturalista e individualista. Isso vai caracterizar as distintas variantes da psicologia social que se desenvolvem até hoje em oposição à psicologia social chamada de psicológica que, na verdade, redefinimos como comportamental.

As dimensões de exterioridade e de objeto são fundamentais na definição de *self* elaborada por Mead e isso tem uma clara influência condutista, apesar do caráter simbólico em que se apoiam, algo que nunca foi desenvolvido pelos condutistas. Realmente, a grande influência na natureza processual que Mead atribui ao *self*, como sistema envolvido de forma permanente no espaço de ação social do sujeito, vem do pragmatismo, tanto o de James, que definia a pessoa como portadora de tantos *selves* quantas fossem as relações sociais que tivesse, quanto o de Dewey, que via o organismo como um agente perceptual ativo das situações que enfrenta e que se mantém em um processo constante de adaptação. Essa tendência a ver o *self* envolvido em um processo constante de adaptação ao meio em que o sujeito atua implica defini-lo em um processo cognitivo que desconhece qualquer forma de organização no curso de seu desenvolvimento histórico. Esse legado pragmático que tanto influenciou Mead foi radicalmente anticondutista, mas, apesar disso, em sua ênfase na adaptação, representou uma das fontes históricas no desenvolvimento do behaviorismo.

Mead foi também um forte crítico do condutismo watsoniano, mas apesar disso mantém o comportamento em um lugar privilegiado ao explicar a forma em que o outro aparece com relação à pessoa. O outro é significativo através de comportamentos, comportamentos que a pessoa acaba assumindo para si própria como condição do desenvolvimento de sua autoconsciência.

O papel que o comportamento dos outros desempenha na produção do comportamento pessoal fica bastante claro na seguinte expressão de Mead (1910):

> [...] a conduta social deve ser continuamente reajustada porque os indivíduos a cuja conduta a nossa responde variam sua própria conduta continuamente no momento em que nossas respostas se tornam evidentes. Portanto, nosso ajuste a suas reações cambiantes ocorre de acordo com nossas próprias respostas a seus estímulos [...]. Somos conscientes de nossas atitudes porque elas são responsáveis pelas mudanças na conduta de outros indivíduos (p. 403).

Aqui se apresenta uma visão da pessoa condicionada não pelo estímulo no abstrato, como ocorria no condutismo, mas sim condicionada, no fim das contas, pelo comportamento imediato dos outros em uma situação de relação. O comportamento passa a ser, portanto, a via essencial através da qual produz-se a mudança nas pessoas, mudança que, para Mead, dá-se em um nível estritamente comportamental.

O sujeito em nível consciente não tem qualquer capacidade geradora, a consciência depende de forma direta e imediata da dimensão comportamental. Pensar que "somos conscientes de nossas atitudes porque elas são responsáveis pelas mudanças na conduta de outros indivíduos" é ignorar a consciência como construção, construção que não tem um 'roteiro' no objetivo externo, e sim que se produz socialmente através da história e do contexto atual de seus protagonistas. Não somos conscientes de nossas atitudes, como não somos conscientes do mundo apenas pelas respostas objetivas aos comportamentos dos outros ou do mundo; somos conscientes somente através daquelas construções que têm sentido para nós, onde o mundo ou os demais aparecem através de produções de sentido muito complexas que passam pela história diferenciada de cada sujeito. A proposta de Mead na citação anterior também esboça um objetivismo que vem da tradição de cientificidade cultivada pelo positivismo.

A tendência a apresentar os processos simbólicos mais complexos através da mera apropriação ou interiorização de operações externas leva Mead a um mecanicismo onde os processos que se constituem não têm capacidade geradora, sendo simples reflexos de outros sistemas de operações. Assim, por exemplo, com relação ao pensamento ele diz (1982): "a internalização de nossa experiência das conversas, dos gestos externos que levamos a cabo com outros indivíduos no processo social, é a essência do pensamento" (p. 90).

Essa posição de Mead com relação aos processos psicológicos do indivíduo será muito semelhante àquela desenvolvida por alguns autores construcionistas, para os quais os processos psíquicos individuais não são nada mais que momentos de uma narrativa socialmente produzida, através de cuja afirmação negam o caráter gerador dos processos psíquicos individuais.

Os vários processos simbólicos vão aparecendo como incorporação de condutas que se realizaram primeiramente em um plano externo, como respostas às condutas de outros indivíduos... Nisso existe uma analogia com a primeira fase de Vygotsky, como já afirmei anteriormente, mas, à diferença de Mead, Vygotsky desenvolveu o conceito de função psíquica superior como sistema de natureza psicológica, que tinha sua própria organização e mantinha uma autonomia relativa dentro do processo contínuo que caracteriza as relações do sujeito nos diferentes espaços sociais. Além disso, Vygotsky nunca se referiu ao comportamento que antecede à interiorização como um comportamento que aparece comprometido como resposta ao comportamento de outro.

Apesar de usar a palavra sujeito, Mead não define o conceito de sujeito em sua obra. Isso gera uma contradição da qual o próprio Mead está consciente e com relação à qual toma uma posição quando separa o "mim" do "eu". Embora defina o "eu" como princípio da ação e do impulso, Mead não deixa claro de onde ele surge e qual é seu significado para o desenvolvimento da pessoa. No entanto, tem consciência de que o indivíduo constitui a sociedade tão legitimamente como a sociedade o constitui, preocupação que gradualmente irá se minimizando na psicologia social.

Mas, apesar de ter consciência do anterior, Mead não consegue desenvolver as premissas para que o sujeito possa ser considerado realmente parte constituinte do social. O fato de que Mead não dá atenção aos processos psíquicos ou subjetivos individuais que se configuram no desenvolvimento das várias aquisições simbólicas do sujeito o leva a reificar o externo de uma forma em que o sujeito termina sendo completamente ignorado no processo de gênese e desenvolvimento de seus processos simbólicos. Com relação à representação do indivíduo sobre si mesmo, Mead escreve (1972):

> O indivíduo se vivencia como tal, não diretamente, e sim só indiretamente, dos pontos de vista particulares de outros membros

individuais do mesmo grupo social, ou do ponto de vista generalizado do grupo social a que pertence, como um todo. Porque entra em sua própria experiência como pessoa e como indivíduo, não direta ou imediatamente, não se convertendo em sujeito de si mesmo, e sim só na medida em que se converte primeiro em objeto para si mesmo, da mesma maneira que outros indivíduos são para ele objetos em sua experiência, e se converte em objeto para si mesmo só quando adota as atitudes dos outros indivíduos para dentro de si, dentro de um meio social ou contexto de experiência em que tanto ele, como eles, estão envolvidos (p. 170).

A citação anterior demonstra claramente a posição voltada para o externo e mimética em que Mead considera a formação da representação do sujeito sobre si mesmo. Essa, de acordo com o expressado, só é possível quando o sujeito "adota as atitudes que os outros indivíduos têm para com ele". É claro que nem mesmo em suas etapas mais iniciais o desenvolvimento é um processo tão mecânico, porque a criança reage de maneira diferenciada diante dos outros. Primeiro através de recursos individuais mais primários, como são as formas iniciais de simbolização não verbal e das respostas temperamentais e emocionais que se interpõem às posições dos outros. A incorporação dos outros é um processo de configuração de sentido do qual participam aspectos psicológicos variados que têm muito que ver com os recursos atuais das pessoas. Isso ficou muito claro no conceito de Vygotsky de "situação social do desenvolvimento". Mead não só representa o processo com uma linearidade e um imediatismo que o próprio processo não possui, mas também separa as aquisições simbólicas dos processos emocionais que as caracterizam.

Com relação ao *self*, que é outra das categorias centrais propostas por Mead, ele escreve (1964):

> O *self* emerge na conduta quando o indivíduo se converte em um objeto social para si mesmo. Isso sucede quando o indivíduo assume a atitude ou usa o gesto que usaria outro indivíduo e lhe responde. É um processo que aparece gradualmente na vida da criança e muito possivelmente apareceu também gradualmente na vida social. Nesse processo a criança pouco a pouco vai se convertendo em um ser social na sua própria experiência e atua com relação a si mesma de uma maneira semelhante à que usa com relação aos demais. Especialmente ela fala a si mesma como fala com outros e mantendo essa conversa em seu foro interno vai construindo o campo que chamamos de mente (p. 137).

O conceito de mente é utilizado exclusivamente em seu caráter simbólico, e não inclui outros aspectos não-simbólicos da vida psíquica. De qualquer forma, o alcance dessa afirmação é extraordinário para sua época, pois, com efeito, tende a modificar a natureza do conceito de mente, embora não consiga uma representação diferente de pessoa a partir desse conceito do mental. Mead não chega a visualizar que, a partir desse conceito de mente, surge uma diferença qualitativa essencial entre o homem e o animal, não só na condição do homem como ser social, que está presente em todos os momentos de sua obra, mas também na própria definição dos processos psíquicos humanos que nos levaria a considerar o homem como um ser subjetivo, produtor de sentido. Esse é o ponto forte da obra de Vygotsky, e graças e ele a repercussão do psicólogo russo na psicologia social tem consequências profundas para a reconstrução de todo o pensamento psicológico.

O outro não aparece diante do sujeito em uma dimensão externa objetiva, objetal: o outro é uma construção comprometida de forma permanente com uma produção de sentidos ancorada na história da pessoa e em sua cultura, e por isso o outro é representado como um outro subjetivado. Mead vê o outro em uma relação *Self*-Outro, típica das epistemologias representacionais. No entanto, a verdade é que, na construção desse outro, em cada sujeito concreto, apresenta-se uma multiplicidade de elementos de sentido, da qual emerge um outro que é uma verdadeira configuração de sentidos. Nessa configuração, os significados aplicados são portadores de uma emocionalidade em que aparecem peças diferentes de uma história pessoal complexa do sujeito que os constrói e de seus avatares atuais. A questão não é que a criança atua com relação a si própria de uma maneira semelhante àquela que usa para atuar com relação aos demais, como se fosse um modelo de ação social que generaliza e reproduz. Ao contrário, a criança é capaz de uma produção de sentidos na qual sua experiência e a dos "outros" – tomados de uma forma ampla e não só como outras pessoas concretas – se integram em uma unidade que caracteriza a subjetividade da criança. A criança não aparece, ao ser definida como "objeto para si", como um sujeito com capacidade geradora própria, que mantém uma relação complexa com o contexto atual de sua ação e na qual nunca é um "objeto para si" em relação ao qual se coloque em uma posição de exteriorização. O social é sempre uma produção de sentidos e não uma dimensão comportamental externa em relação ao sujeito.

O social não entra de forma mimética devido ao comportamento dos outros. Ele se configura pelos sentidos que o sujeito produz através de seus vários espaços de relação, e também dos processos de institucionalização e contextos que caracterizam esses espaços de relação. O social se produz em nível subjetivo em seu sentido para o desenvolvimento psíquico das pessoas. Nenhuma experiência social tem um sentido universal para aqueles que a vivenciam. O sentido subjetivo só aparece na relação diferenciada de cada sujeito com experiências concretas.

A incapacidade de Mead de ver que o caráter simbólico dos processos psíquicos é expressão de um nível qualitativamente diferente da psique em seu envolvimento com a cultura, que rompe com a ideia de uma natureza humana universal, o leva a limitar o valor do simbólico unicamente aos comportamentos de relação, deixando de lado sua significância para uma representação diferente da psique, algo que será o ponto central de Vygotsky. O *self* que Mead nos propõe é processual e transitório e existe somente como momento de relação, sem nenhum tipo de organização que nos revele a maneira como as experiências históricas do sujeito estão presentes em suas experiências sociais atuais, nem como elas se configuram em sua psique. Mead defende uma concepção histórica do homem, mas a representa basicamente através de sua associação a uma cultura e não pela organização histórica dos sujeitos que constituem essa cultura.

Não há dúvida de que o pensamento de Mead contribuiu para o desenvolvimento de uma representação social dos processos psíquicos, essencialmente através da dimensão simbólica na qual ele colocou as relações de comunicação e as ações humanas. Com respeito a isso, Mead inaugura uma zona de sentido no estudo da psique que, embora com precedentes importantes em James e, em geral, nos filósofos pragmáticos e funcionalistas norte-americanos, permitiu uma visão diferente dos processos sociais em que está envolvida a pessoa. Destaca-se aqui uma visão simbólica do social que tinha sido totalmente negligenciada pelo ambientalismo predominante no condutismo. Apesar de sua contribuição, Mead aprofunda a diferença entre um ser social de natureza simbólica e um ser natural de natureza instintiva e por isso não consegue expressar teoricamente como é que o sujeito individual é simultaneamente constituinte do social e constituído por ele.

Como conclusão com relação à relevância do trabalho de Mead para o desenvolvimento posterior da psicologia social, eu gostaria de apresentar os seguintes aspectos:

1) Mead desenvolve uma visão simbólica do social mas não consegue explicar como esse caráter simbólico dos processos humanos muda radicalmente a própria definição ontológica da psique e não se restringe ao espaço de comportamento social do homem. Essa incapacidade faz com que Mead, quase que involuntariamente, tenha que aprofundar a dicotomia entre os processos individuais e os sociais, uma dicotomia que até hoje é característica da psicologia social. Vê-se a instância simbólica como socialmente produzida, produzida nos espaços de relação, com independência da subjetividade individual e da subjetividade social que caracteriza os espaços sociais de ação do sujeito;

2) Mead se aproxima do social em seu processo imediato no desenvolvimento das várias formas de ação humana, porém descuida das formas de organização desses processos que ele próprio descreve, tanto no indivíduo quanto nos espaços sociais. A psicologia social passa, assim, de uma taxonomia estática de condutas, estudadas como variáveis dependentes de certos atributos sociais na psicologia social comportamental, para o estudo de processos simbólicos definidos de forma permanente dentro de espaços de interação humana, onde o histórico se coloca nos espaços da relação e não nos sujeitos que dela participam. Os processos institucionais e a produção ideológica dos contextos de ação do sujeito são ignorados. O processo no qual Mead representa o social reifica a interação e o presente, ocultando processos que constituem essas interações e que não são acessíveis a elas de forma imediata.

3) Para Mead o ego existe nos espaços sociais de relação, nos quais ele é inseparável do comportamento dos outros egos com os quais se relaciona nesses espaços. O ego só existe dentro dos momentos de relação.

4) Mead gera uma versão social da psicologia que elimina completamente a psique, colocando-a como parte da mesma natureza humana em que ocorrem as atitudes e os instintos. Dessa forma, sua obra produz uma ruptura que, como veremos, per-

durou durante muito tempo na psicologia social: a ruptura entre a psique e os processos simbólicos que cada vez mais irá atrair a atenção dos psicólogos sociais.

2.2.2. A teoria das representações sociais: sua importância para o campo da psicologia social

É possível que a teoria das representações sociais tenha sido a teoria mais prolífica da psicologia social. Por apresentar uma categoria que permite explicar as várias produções simbólicas associadas às diferentes atividades, contextos e cenários sociais, inclusive em sua própria definição de representação social, essa teoria avançou e se expandiu rapidamente. Moscovici, na investigação que serviu de base para essa teoria, estudou a maneira como o conhecimento científico, nesse caso da psicanálise, passava a ser produzido como um conhecimento cotidiano que se articulava no espaço simbólico da população francesa na década de 1960.

Não há dúvida de que a expansão do conceito e a quantidade de investigações relacionadas com representações sociais dificultaram a exata compreensão de um conceito de representação, embora ele tenha sido objeto de crítica de vários autores (Jahoda, 1988). Na verdade, parece-me que o próprio termo foi se modificando à medida que ia encontrando novos desafios com o passar de várias gerações de seguidores da teoria. Até mesmo em uma das investigações clássicas realizadas por outra das fundadoras dessa teoria, D. Jodelet, enfatiza-se alguma coisa que não estava na abordagem original de Moscovici com relação ao termo: o caráter das práticas das pessoas como elemento que permitia analisar informações ocultas sobre as representações sociais que não apareciam nem nas conversas, nem nas construções explícitas dos sujeitos estudados. Ou seja, que as representações se expressavam em comportamentos não conscientizados, portadores de uma significação que os sujeitos não explicitavam em seus sistemas conceituais. Isso deslocava o foco inicial de Moscovici que era estudá-las como formas de conhecimento.

Na investigação mencionada, Jodelet (1991) percebeu comportamentos nas relações entre pessoas com doença mental e suas famílias que não apareciam explícitos nem na comunicação com o investigador, nem nas próprias relações entre os membros da família. Como, por exemplo, o fato de terem talheres e outros artigos de uso pessoal separados do resto da família, comportamento esse que pode ser portador de uma diversidade de sentidos subjetivos. Poderia, por exemplo, indicar tanto um significado implícito de que a doença seria considerada contagiosa, como de que existiria um certo nojo do sujeito enfermo, introduzindo assim elementos de uma conotação afetiva que teriam que ser investigados mais a fundo.

A investigação de Jodelet tem um significado especial para a análise que realizaremos nesta seção, precisamente porque essa autora aborda um tecido de relação e produção subjetiva em seu trabalho de campo que lhe permitiu o acesso a elementos da representação que nem sempre estiveram acessíveis às construções sobre as que se apoiaram as investigações sobre o tema. Eu diria que, em seu trabalho, Jodelet, pela primeira vez, visualizou as representações como uma produção de sentido que integrava elementos psicológicos muito diversos no espaço simbólico que ficava delimitado como objeto da representação.

Como observa Wagner (1998),

> O movimento na direção de uma visão muito ampla do termo "representação social" continua até hoje (Wagner, 1994). A maioria das investigações recentes que aplicam a teoria das representações sociais dão a impressão de que uma representação social pode ser sobre qualquer fato social ou cultural, seja ele econômico (Verges, 1989), *roles* de gênero (Lloyd & Duveen, 1992), ou comida (Lahlou, 1994) para mencionar apenas alguns deles. Essa visão expandida de representação social é hoje amplamente aceita entre os investigadores (p. 4).

Essa redefinição e ampliação do uso do termo gera, sem dúvida, questões teóricas e metodológicas que devem acompanhá-la. A meu ver, as representações sociais são produzidas nas delimitações simbólicas que definem os espaços em que nos comunicamos, relacionamos e organizamos nossas práticas sociais. No entanto, considero que esses espaços que delimitam o que seriam os objetos das representações expressem elementos de sentido socialmente produzidos que não são acessíveis à consciência dos sujeitos que se relacionam neles. Portanto, eles não se expressam de forma explícita na representação, como seria, por exemplo, a posição em torno dos objetos de uso pessoal nas famílias com membros psicóticos descrita por Jodelet.

Na investigação desenvolvida por Jodelet, a autora, como assinala Flick (1995), "está mais interessada na maneira como as representações sociais influem nas práticas do dia a dia e como sua elaboração científica nos oferece meios de interpretar essas práticas e as contradições que nelas existem" (p. 74). Infelizmente, esse caminho extremamente promissor, que Jodelet iniciou em sua investigação, não teve a repercussão que poderia ter tido com relação ao que as representações significam para o estudo de processos sociais que estão mais além da própria representação. Para isso, influenciaram vários fatores, entre os quais quero destacar a apropriação e extensão das investigações empíricas sobre as representações sociais por uma forte tendência positivista que, em muitos casos, acabou transformando esse conceito em uma entidade estática suscetível de medição e de correlação, mais ou menos assim como eram os conceitos tradicionais da psicologia social comportamental.

A questão do objeto, como mencionamos em publicações anteriores (2002), é uma das questões complexas na história das representações sociais. No entanto, independentemente daquilo que foi observado com relação a esse tema pelos fundadores dessa teoria em vários momentos de suas obras, o fato é que hoje nenhum deles, nem os representantes de gerações posteriores, consideram as representações como parte de uma epistemologia representacional da realidade. As representações são verdadeiras produções sociais que expressam elementos de sentido muito variados sobre as realidades sociais nas quais emergem (González Rey, 2002) e é por esse motivo que adquirem um valor extraordinário para o estudo da sociedade.

Sinto cada vez mais que o valor heurístico da representação está muito mais associado aos elementos de sentido que só indiretamente se expressam nela do que aos conteúdos diretos que podem aparecer com relação ao "objeto" da representação. Esses últimos adquirem valor não só pelo que expressam de forma explícita, como também pelo que significam com relação aos elementos implícitos que não estão na consciência dos protagonistas de um espaço representacional. No entanto, os representantes dessa teoria deram relativamente pouca atenção a esse aspecto.

A teoria das representações sociais e, em particular, Moscovici, sempre se voltaram mais fortemente para o aspecto simbólico das representações e para a forma em que esse estava envolvido com os processos de comunicação do que para os processos de subjetivação social nos quais as representações eram produzidas. Aqui é possível observar o mesmo que observamos na obra de Mead, ou seja, que as representações aparecem como uma produção simbólica compartida em um espaço social. Por outro lado, a psicologia permanece na análise de seu caráter simbólico e das relações geradas nos espaços que elas delimitam, mas separa a representação social do tecido subjetivo social em que se engendrou. E, por isso, ela não pode ser usada como instrumento de inteligibilidade para o estudo de uma sociedade que não se configura unicamente ao nível do simbólico.

Em uma das definições explícitas de Moscovici sobre as representações sociais, com a qual, aliás, acho que eu já não concordaria totalmente, mas que, de qualquer maneira, nos revela fundamentos que foram essenciais em sua visão sobre essas categorias em um momento histórico anterior, o autor diz (1973):

> [...] um sistema de valores, idéias e práticas com uma dupla função: primeiro estabelecer uma ordem que permita aos indivíduos se orientarem a si próprios em seu mundo material e social e a manejá-lo; e segundo, possibilitar a comunicação que não ocorre entre os membros de uma comunidade, dando-lhes um código para o intercâmbio social, e também um código para denominar e classificar sem ambiguidades os vários aspectos de seu mundo e de suas histórias individuais e de grupo (p. xvii).

Na definição anterior, Moscovici enfatiza a função da representação social como totalmente associada ao conteúdo simbólico explícito que constitui a matéria-prima dos processos de construção social e que, portanto, é a base sobre a qual vão se comunicar os sujeitos que compartilham determinados espaços sociais. As representações sociais constituem códigos através dos quais os indivíduos significam os diferentes espaços e eventos que ocorrem em seu mundo. Portanto, é dentro dos espaços produzidos pela representação que se vão dar os processos de comunicação em seus vários espaços sociais. Com isso, definitivamente, esses espaços – que são definidos como verdadeiras construções sociais – são transformados. Nessa citação de Moscovici predomina uma definição funcionalista, onde as representações sociais têm funções explícitas através de seu conteúdo significado explícito, algo que predominou até hoje nos estudos sobre o tema. No entanto, quando nos situamos no estudo das representações como meio de estudar dinâmicas sociais ocultas, não explícitas de forma imediata nos significados da representação, nos aproximamos de desafios teóricos sobre a própria definição de representação, e de desafios metodológicos com relação a como usá-las na investigação social, que até hoje não foram enfrentados explicitamente.

As representações sociais estão intimamente envolvidas com os processos da própria realidade social que elas, ao mesmo tempo, constroem em nível simbólico. Esse é um atributo que foi defendido pelos vários autores nesse campo e que os diferenciou das posições assumidas pelo construcionismo social. No entanto, nem sempre fica claro como esse envolvimento se expressa, nem a maneira como as representações expressam espaços da realidade que não são meramente artefatos simbólicos produzidos pelas próprias representações. Essa foi precisamente uma das contribuições essenciais de Jodelet para essa linha de trabalho.

As dificuldades na conceitualização do próprio conceito de representação social, bem assim como seu uso amplo e, às vezes, indiscriminado na investigação empírica – onde, com frequência, aparece como uma entidade "coisificada" que está pronta para ser medida, naquilo que em trabalhos anteriores eu chamei de "tendência empírico-descritiva" no estudo das representações (1995) – não permitiu, em minha opinião, recolher um conjunto de problemas teóricos e epistemológicos que se apresentam hoje como continuação dessa linha teórica, e avançar em uma discussão mais profunda sobre eles, discussão essa que permita precisões necessárias para o desenvolvimento posterior dessa linha de pensamento.

Em resumo, vemos o objeto das representações, como expressamos antes, em uma delimitação produzida socialmente, que tem, em sua base, elementos de sentido pertencentes a uma subjetividade social e que permanecem ocultos com relação ao conteúdo explícito da representação. O objeto, não obstante, é um momento de envolvimento da representação com o contexto social que emerge em sua construção, o que impede reduzi-la a um momento de fluxo discursivo. Isso não nega o momento discursivo das representações sociais, mas estas, além de discursivas, são uma produção de sentido que expressa momentos da realidade social que ultrapassam o discursivo.

A atenção ao processo produtivo das representações sociais nos espaços em que já aparecem constituídas, e aos processos de comunicação que se desenvolvem nesses espaços, nos impede de ver os elementos de sentido que definem por que são essas e não outras as representações que dominam aquele espaço social. Como indica T. Sloan (1999):

> Isso ocorre [refere-se ao fato de que certos temas não são discutidos publicamente e a que certos setores sociais não têm participação em decisões que afetam suas vidas] porque o foco da atenção está no processo produtivo de representação e comunicação mais do que no processo destrutivo, processo de de-simbolização que carece do potencial intersubjetivo necessário para a construção do significado. Esses processos destrutivos (a violência patrocinada pelo Estado, as barreiras econômicas para o acesso à educação e à informação, as práticas caóticas de socialização etc.) são as limitações primordiais que impedem a plena participação democrática e a autodeterminação da maioria dos seres humanos. Por isso tudo, deveriam ser o foco da investigação científico-social sobre a natureza da ação comunicativa (p. 224-225).

A crítica de Tod é extraordinariamente importante, tanto do ponto de vista político quanto cientificamente. Em nível político, porque nos abre um campo do social que não aparece no sistema de representações visíveis o que, inclusive, dada a carência de potencial intersubjetivo de certos espaços e setores sociais, esses sequer produzem suas representações sociais. Isso permaneceria oculto se não nos aprofundássemos no estudo de produções de sentido social que não têm um *status* representacional. Os sistemas políticos são acompanhados de processos muito sutis para impedir a emergência de representações que entrem em conflito com as representações dominantes estabelecidas pelo poder, o que é um mecanismo oculto do comportamento repressivo de todas as instituições, das universidades e até do Estado. O estudo do potencial intersubjetivo, categoria muito sugestiva mencionada por Sloan, parece ser um aspecto muito importante que foi totalmente negligenciado pela psicologia social.

Um dos mecanismos de poder mais eficientes é hegemonizar representações sociais "oficiais" que dominam todos os meios de difusão e todas as instituições e que, por sua vez, impedem a produção simbólica autêntica de certos setores da sociedade. Esses ficam sem voz nas alternativas simbolicamente dominantes, diante das quais não têm outra opção senão se subordinar, ou se manter como pequenos grupos de dissidência, ou como sujeitos isolados na oposição, como foi, por exemplo, o caso do físico russo Sajarov.

Não há dúvida de que, com relação à produção de conhecimento social, os aspectos não constituídos em representações sociais são tão importantes quanto os assim constituídos. Na gênese desses vazios representacionais sobre processos e fatos que afetam uma população existe uma produção de sentidos oculta e velada sobre esses espaços sociais. É preciso que a ela tenham acesso os investigadores sociais. Existe também um conjunto de aspectos muito objetivos que são produtores de sentido, como a fome, a falta de saúde, o contexto deplorável de convivência, a violência e outros, que se traduzem em sentidos que, com frequência, são paralisantes para o desenvolvimento de qualquer esforço social a ser realizado em certos setores sociais.

O não nominalizado foi também objeto da atenção de W. Wagner que definiu com o termo de "algo" aquilo que, em suas palavras (1998):

> não é um objeto social para um grupo, mas que poderia ser um objeto nominado para pessoas de outros grupos. Precisamos inventar o termo "algo" como um símbolo para todos aqueles eventos e coisas que podem potencialmente afetar a vida e o bem-estar das pessoas embora isso ainda não seja reconhecido como um objeto nominado em seu mundo (p. 11).

Sem dúvida, o campo dos aspectos não nominados, não reconhecidos em espaços sociais em que se organizam as várias formas de vida social, frequentemente têm implicações importantes para a vida das pessoas que não são nem sequer identificadas. Com relação a isso, creio que uma das funções críticas essenciais das ciências sociais é produzir informações sobre todos esses fatos e processos que afetam nossas vidas e dos quais não temos conhecimento.

O texto acima nos remete necessariamente à importância de prestar atenção tanto ao estudo das representações sociais já constituídas, quanto aos processos de desenvolvimento, mudança e surgimento de novas representações sociais, aspecto esse que vem sendo muito menos estudado (Flick, 1995; Wagner, 1998). Ao lado disso, as questões que colocamos nos levam à necessidade de desenvolver categorias para aspectos que, ao serem importantes para o processo de construção social, não estão significados nas redes simbólicas explícitas dominantes em cada sociedade; entre eles queremos destacar a produção de sentidos subjetivos.

A produção de sentido não está necessariamente explícita nos significados que são compartilhados através das representações sociais, e que organizam os espaços de comunicação nos quais uma população desenvolve sua vida cotidiana. As representações sociais têm "zonas de sentido subjetivo" não explícitas que têm de ser construídas indiretamente através da investigação. Daí a importância da investigação qualitativa a partir de uma perspectiva construtivo-interpretativa para o estudo das representações.

Moscovici recentemente manteve como centro de seu interesse o estudo das representações como espaços de significados compartilhados que estão na gênese dos processos de comunicação dentro de um espaço social determinado e o fato de que são as próprias representações que permitem a delimitação desse espaço como espaço social simbólico. Com relação a isso, Moscovici afirma (1999):

> Deveríamos recordar que o recente giro da teoria das representações sociais consiste em sua articulação com a comunicação através da conversação e dos meios de comunicação em massa. Ao realizar essa articulação seguimos um caminho aberto por nossos predecessores, que notaram que as representações comuns que certa sociedade elabora são suscetíveis de transformar os significados de cada ação, especialmente em rituais e instituições sociais que são, além disso, símbolos (p. 206) (Original em inglês, 1994).

Essa relação das representações com a comunicação não pode ser analisada unicamente através dos significados explícitos, mas deve também ser avaliada através dos significados ocultos e indiretos nos quais se apresentam elementos de sentido que estão encobertos até mesmo para os próprios protagonistas. Os significados ocultos aparecem ora como sistemas discursivos altamente dinâmicos, ora como práticas explicitamente não significadas nos processos de relação em que circulam, ora em comportamentos fortemente emocionais, associados com aspectos das relações sociais, que não aparecem explicitamente significados nos comportamentos concretos dos protagonistas nos cenários sociais em que atuam. Mais precisamente, todo processo de institucionalização produz símbolos que expressam elementos de sentido muito profundos para a população institucionalizada.

À diferença do conceito de *self* proposto por Mead, Moscovici dá importância ao conceito de estrutura na definição das representações sociais e, nesse sentido, paradoxalmente se aproxima da proposta de estrutura de Abric, que talvez seja a mais distante de uma epistemologia construtivo-interpretativa. Ou, como observa Wagner (1998), de uma epistemologia de orientação socioconstrutivista e discursiva, e a que este autor indica como a "epistemologia introduzida na psicologia social pela teoria das representações sociais". Creio que a teoria das representações sociais foi um híbrido epistemológico e que talvez essa orientação assinalada por Wagner possa ser identificada nos trabalhos de Jodelet. No entanto, não a vejo nos trabalhos iniciais de Moscovici, nem em muitas das posições epistemológicas implícitas que foram desenvolvidas posteriormente no curso de seus trabalhos. Uma evidência disso é sua valorização do conceito de estrutura proposto por Abric, com as implicações epistemológicas que dele se derivam.

No entanto, apesar da abordagem à estrutura proposta por Abric, que tem o mérito de ser uma das propostas mais bem organizadas sobre aquilo que ele entende como representação social, o fato de reconhecer uma estrutura da representação social constitui uma definição ontológica que nos indica que a representação constitui uma unidade com certa estabilidade, na organização de algum tipo de realidade. Segundo tudo parece indicar, Moscovici identifica essa representação cada vez mais no tecido social, embora ocasionalmente pareça sugerir que as representações são estruturas linguísticas. Para ele, isso não parece significar que por serem linguísticas deixariam de ser sociais, mas em uma outra acepção do social, que se distanciaria, por exemplo, de outros tipos de práticas sociais presentes também nos vários espaços sociais. Portanto, restringir as representações ao campo linguístico significaria limitar seu valor heurístico no estudo dos processos e formas de organização que caracterizam o social.

No artigo de Moscovici a que já nos referimos anteriormente é apresentada uma ideia muito importante quando ele afirma: "O significado é o que tentamos comunicar uns aos outros. As formas de comunicação linguística não são suficientes para explicar como a mensagem comunicada é recebida e compreendida, pois realizamos múltiplas operações antes de transmiti-la ou até mesmo antes de recebê-la" (p. 207). Aqui Moscovici inicia uma reflexão com implicações para a própria definição de representação social e, nesse mesmo artigo, diz: "Deveríamos considerar as representações sociais como pressuposições enterradas sob as camadas das palavras e imagens emitidas pela mente..." (p. 211). A meu ver, Moscovici entra em uma questão central que tem a ver com o que estivemos discutindo anteriormente: o fato de que as representações são portadoras de aspectos psicológicos e contextuais que não se distinguem simplesmente nos significados explícitos. Dos dois aspectos que coloquei, Moscovici se concentra no segundo, nos aspectos contextuais relacionados com os próprios processos de comunicação que a representação delimita e dentro dos quais as representações se modificam e se desenvolvem.

Com relação ao expressado pelo autor, eu me concentrarei no primeiro dos aspectos que mencionei, ou seja, nos elementos psicológicos que não são diretamente explícitos nem visíveis nos significados que se expressam de forma explícita em um processo de comunicação. Em primeiro lugar, creio que a recepção e a compreensão de uma mensagem não são processos cognitivos; e sinto que, às vezes, quando Moscovici expressa a questão, concentra-se unicamente no caráter simbólico desses processos, sem incluir o sentido dos mesmos, que é o que qualifica, em nossa opinião, sua condição de ser construções e de "separar-se", relativamente, das fontes externas da mensagem recebida.

O construcionismo se separa também das fontes externas, mas reivindica a construção como momento discursivo e não de sentido. A meu ver, os momentos discursivos e de sentido são inseparáveis, mas um não se reduz ao outro, dadas suas origens diferentes e seu diferente significado na construção do social e do sujeito.

Outra coisa que chama a atenção, embora o verdadeiro significado que o autor pretende lhe atribuir não fique claro, é a definição das representações sociais como "pressuposições enterradas sob as camadas de palavras e imagens emitidas na mente". Que é exatamente que o autor quis dizer com isso? Em primeiro lugar, está colocando as representações por atrás do que é manifesto e, em segundo, nos fala de um conceito que normalmente critica: a mente. A mente emite, e se emite é porque tem um caráter produtivo? ou será que ele considera a emissão como um simples reflexo, muito mais no sentido dado por Mead? Evidentemente que muitas coisas não estão claras nessa informação, mas, apesar disso, ela abre espaços de reflexão que normalmente não foram associados a essa teoria.

Ao analisar os aspectos psicológicos das representações, e o sentido subjetivo que elas expressam e que nelas se constitui, necessariamente temos que entrar em outro tema também pouco trabalhado no interior dessa teoria: a questão do sujeito das representações sociais e seu *status* como constituinte da subjetividade social e da subjetividade individual. O sujeito está constituído simultaneamente por/e nos dois níveis de subjetividade.

A questão do individual no campo das representações sociais foi expressa por vários autores e de forma especial por Jodelet, Markova e Jovchelovitch. Markova escreve (1996):

> Assim como ocorre com outras formas de pensamento relativamente estáveis, as representações sociais são parte de um ambiente social simbólico no qual vivem as pessoas. Ao mesmo tempo, esse ambiente se reconstrói através das atividades dos indivíduos, sobretudo por meio da linguagem. Esses dois componentes das representações sociais, o social e o individual, são mutuamente interdependentes. Além disso, esses dois elementos são traços fundamentais de todos os fenômenos socioculturais institucionalizados, como, por exemplo, os idiomas, os paradigmas científicos ou as tradições. Se não fosse pelas atividades realizadas pelos indivíduos, o ambiente simbólico não pertenceria a ninguém e, portanto, não existiria como tal (p. 163).

Embora aquilo que observou Markova seja bastante evidente, e que alguns autores importantes reconheçam a relevância do individual, a verdade é que a psicologia social e a própria teoria das representações sociais realmente desconsideraram o indivíduo no desenvolvimento de seus fundamentos teóricos e metodológicos. O indivíduo, em sua condição de sujeito, e que será um dos temas de nosso último capítulo, representa um momento de particularização, confrontação e desenvolvimento naqueles cenários em que as representações sociais são construídas e se desenvolvem. Por isso, o sujeito, além de estar constituído pelas representações sociais, também é constituinte delas a partir de suas posições singulares.

A representação existe de forma simultânea em todo o espaço social e nos indivíduos que integram esses espaços. Nesses indivíduos ela aparece, de forma singularizada, como produção de sentido que integra suas histórias pessoais. Por sua vez, as representações circulam nos contextos sociais diferenciados delimitados por elas mesmas. Essa circulação não é um processo automático supraindividual; ela se produz através dos diálogos e relações dos indivíduos dentro desses contextos sociais diferenciados, o que implica que uma mesma representação pode assumir sentidos diferentes em contextos sociais diferentes. É precisamente a tensão entre a natureza processual dos espaços sociais – nas quais as representações são dominantes – e as posições diferenciadas de indivíduos e grupos que entram em contradição dentro desses espaços, que constitui um dos aspectos mais importantes nos processos de mudança e de desenvolvimento das representações sociais, um dos aspectos que precisa ser estudado e desenvolvido pela teoria.

Essa perspectiva incorpora o campo da representação à psicologia em geral – não só ao campo da psicologia social – e não tem nada que ver com um temor permanente de Moscovici que é a "tendência psicologista que considera questões de forma ou de arquitetura mental" (1998, p. 206). A preocupação de evitar cair nas tendências psicologistas levou Moscovici a descuidar do sujeito como momento necessário na construção e no desenvolvimento da teoria, que tem uma relevância especial para explicar a mudança e o desenvolvimento das representações através da produção ativa e criativa do sujeito nos cenários sociais.

O conceito de sentido subjetivo permite uma integração não mentalista entre as representações sociais e a subjetividade individual todas as vezes que as representações sociais são sentidos subjetivos (González Rey, 2002) que constituem, de forma simultânea, a subjetividade individual e social e, portanto, aparecem sempre dentro do funcionamento sistêmico desses dois níveis de constituição subjetiva. A categoria de sentido subjetivo está comprometida de forma permanente com as ações do sujeito nos diferentes espaços sociais em que ele participa e, por sua vez, integra a história diferenciada de seus protagonistas como um elemento de sentido a mais na constituição subjetiva desses espaços. Talvez essa categoria represente a ponte mais evidente entre o pensamento de Vygotsky e a teoria das representações sociais.

As representações sociais se expressam de forma ativa e diferenciada dentro dos vários espaços de diálogo de toda a realidade social. Quando se afirma que são produções simbólicas compartilhadas dentro de um determinado espaço social, e que permitem significar as práticas e a vida cotidiana produzida nesses espaços, não se quer dizer que as representações estejam encapsuladas e que apareçam como momento supraindividual na vida desses espaços sociais. Pelo contrário, as representações aparecem de forma muito dinâmica nas posições singulares dos sujeitos individuais dentro dos vários níveis de relações produzidas no tecido social. As relações não estão subordinadas às representações; ao contrário, elas ocorrem dentro dos espaços dessas, podendo implicar em desenvolvimento e rupturas nas próprias representações. Portanto, o sujeito é o protagonista dos processos de comunicação que, de forma permanente, expressam e modificam as representações sociais dominantes.

Os sentidos subjetivos (González Rey, 1994) representam uma unidade para o estudo da subjetividade que permite superar a dicotomia entre o individual e o social porque cada um desses níveis é parte constituinte da produção de sentido no outro. Essa categoria, além disso, nos permite integrar a emoção como produção específica humana, em sua condição subjetiva, ao campo da representação, no qual a ênfase no significado e na linguagem impede que se explique o valor emocional das representações sociais. Essas, como produções de sentido, caracterizam-se precisamente por serem uma fonte permanente de emocionalidade. O valor das representações dominantes como símbolos só é possível quando integra a produção de sentidos da população que simboliza a representação.

O caráter simbólico que a representação social da revolução cubana adquiriu, que, aliás, foi capitalizado pelo discurso oficial para identificar o atual processo político hegemônico como revolucionário em sua essência e, portanto, imodificável, foi possível graças a um desenvolvimento em que o processo revolucionário foi capaz de integrar sentidos subjetivos historicamente muito fortes para a população cubana, tais como a justiça social, a soberania, o orgulho e a identidade social, entre outros. Isso foi resultado das grandes modificações sociais realizadas pela revolução cubana, assim também como por seu caráter popular que foi sendo perdido gradualmente para dar lugar a um modelo autoritário, vertical e unipessoal que começou, em suas práticas e políticas, a entrar em contradição flagrante com os próprios sentidos objetivos que tinham alimentado a identificação da população com a revolução. Isso resultou em uma forte contradição entre o comportamento da realidade social e sua organização subjetiva, contradição que, apesar de tudo, não conseguiu modificar as representações de alguns setores da população, enquanto que outros estão silenciados devido a sua impossibilidade de formar e socializar representações sociais diferentes.

As instituições sempre desenvolvem um conjunto de recursos simbólicos para excluir o novo e qualquer coisa que ameace o poder de seus protagonistas atuais. Esses apresentam essa ameaça a seu poder como uma ameaça à instituição e a utilizam para preservar suas posições e manter as instituições em seu *status quo* atual, bloqueando toda e qualquer mudança possível. Esse é um processo que caracteriza a subjetividade social de todas as instituições e não apenas o poder institucionalizado do Estado. Paradoxalmente ele é extremamente forte nas instituições universitárias e digo paradoxalmente porque se supõe que elas sejam produtoras de pensamento quando, na realidade, muitas vezes ocultam um pensamento reciclado que se fecha e exclui tudo que é novo, considerando-o uma ameaça.

O conceito de sentido subjetivo aplicado ao campo das representações nos permite ver essas produções sociais de sentido, nas quais se expressam dinâmicas ocultas e complexas dos diferentes espaços sociais. Essa é a perspectiva da qual sou capaz de visualizar a necessidade de uma mudança epistemológica no estudo das representações sociais, toda as vezes que o foco de atenção das investigações se desloca dos significados explícitos que nos estimulam e passam para a velha ânsia descritiva na investigação empírica. Estudar as representações como portadoras de sentidos subjetivos que estão ocultos a seus próprios protagonistas e aos significados explícitos da representação nos leva à necessidade de verdadeiras operações construtivo-interpretativas sobre os conteúdos explícitos da representação.

O estudo das representações sociais nos conduziria, assim, à construção de verdadeiras hipóteses teóricas complexas sobre formas de organização e funcionamento social que hoje se mantêm ocultas aos processos microssociais e interativos em que a psicologia social se concentrou, preferencialmente, até os dias de hoje. Como expressa Flick (1995):

> Mas experiências e objetos são normalmente descobertos pelos estudos como sendo representações sociais depois de terem produzido um certo efeito ou adquirido uma certa relevância, de maneira que esse processo não pode ser estudado paralelamente; ao contrário, ele deve ser reconstruído (p. 85).

Não há dúvida de que a capacidade de acompanhar o estudo das representações sociais na natureza processual do campo é um aspecto fundamental para romper a coisificação que implica estudá-las *a priori* através de um conjunto de categorias predefinidas que ocultam tudo que não aparece em seus termos. Isso foi uma das características da investigação sobre representações nos vários campos que se apropriaram da categoria. Essa tendência empírico-descritiva no estudo das representações não permitiu estudá-las em campo dialógico em que elas se definem e desenvolvem internamente através dos sujeitos que protagonizam essas relações. Nesse sentido, a ausência do sujeito em nível metodológico significou também a ausência da dimensão processual e do desenvolvimento das representações sociais. Esse déficit foi percebido por um conjunto de autores da área (Flick, Duveen, Wagner).

Finalmente, as questões que apresentamos nesta seção nos colocam em um debate com relação ao futuro da teoria. Será que a teoria se apropriará de outras categorias como sentido subjetivo e outras que permitam integrar os temas do sujeito e o conhecimento de espaços sociais macro em suas formas de organização e funcionamento? Ou ela irá se orientar preferivelmente para continuar evoluindo dentro de uma perspectiva simbólico-linguística frente ao aprofundamento dos processos humanos de comunicação, integrando-se cada vez mais com as teorias de comunicação e deixando de lado os processos psicológicos complexos implicados nessa produção? Isso é uma incógnita que será resolvida no futuro, mas as ameaças e desafios vivenciados pela teoria das representações sociais, diante das críticas do construcionismo social, são uma forte pressão na direção simbólico-comunicadora, deixando de lado sua preocupação com explicações sociais mais complexas.

2.2.3. O construcionismo social: seu lugar na psicologia social atual

À diferença da teoria das representações sociais, o construcionismo social representa um amplo movimento que passa pela filosofia das ciências, pela linguística, pela filosofia e, nesse processo, chega até a psicologia social. Ou seja, é um movimento que não se originou na psicologia social mas que, mesmo assim, tem antecedentes importantes nesse campo que facilitam sua adoção pelos psicólogos sociais. A meu ver, influíram no desenvolvimento do construcionismo social na psicologia as contribuições de G. Mead, do interacionismo simbólico, bem assim como tendências do pensamento filosófico como o pragmatismo norte-americano, muito presente nas influências da psicologia mencionadas anteriormente. Em um sentido geral, o construcionismo como movimento sofreu uma forte influência do segundo Wittgenstein, da semiologia, da etnometodologia, da análise conversacional e da crítica pós-estruturalista ao pensamento dominante nas ciências sociais, principalmente a crítica desenvolvida por Foucault (Potter, 1988).

O construcionismo tem versões muito diferentes, umas mais próximas ao realismo, como observaram autores como Greenwood e Parrot (1992) e outras que se identificam com um relativismo radical, que é precisamente a que foi dominante no pensamento psicológico (Gergen, Shotter, Ibañez, entre outros). Como veremos no decorrer deste capítulo, entre essas duas tendências existem grandes diferenças com relação a alguns pontos, mas, de um modo geral, os construcionistas também compartilham alguns pressupostos que iremos analisar após apresentar, de forma bastante resumida, os aspectos procedentes da psicologia social e da sociologia que os influenciaram. Nesse último caso, do interacionismo simbólico, com grande influência de Mead.

Um ponto de convergência muito forte entre Mead, o interacionismo e o construcionismo social é o fato de que todos eles consideram a sociedade, assim como a interação, como um fenômeno emergente, um marco para a construção de diversas formas de ação social. O interacionismo estuda as interações dentro dos espaços em que essas se produzem como autênticas produções sociais. Porém, conserva seu interesse pelo sujeito concreto dessas relações, assim também como por sua participação interpretativa nelas. Isso é muito notório em Blumer. À diferença do interacionismo de Blumer, a ênfase de Mead é colocada na própria ação da qual, como vimos antes, emerge um *self* totalmente situado no espaço da relação. Isso tem como um de seus possíveis desenlaces teóricos a eliminação do *self* como organização histórica do sujeito concreto que se produz no construcionismo social.

Penso que a reificação do simbólico, em detrimento de uma representação ontológica da psique e capaz de integrar outros aspectos psíquicos na representação do ser humano, faz com que os autores construcionistas na psicologia compreendam o indivíduo apenas como um momento dentro da rede de espaços concretos de relação em que se produz sua vida cotidiana. Nesse caso, todas as categorias psicológicas relacionadas com as práticas discursivas são produzidas como ações sociais conjuntas nos contextos das relações atuais entre as pessoas. Nesse ponto, Mead e o interacionismo representam importantes antecedentes para o construcionismo social na psicologia.

Outro aspecto importante que marca a íntima relação entre o interacionismo e o construcionismo social foi observado por Denzin quando resumiu as características que mais sobressaem no interacionismo simbólico (1995): "Opondo-se às teorias totalizadoras, as grandes teorias do social, os interacionistas, como muitos teóricos pós-estruturalistas (Foucault) e pós-modernos (Lyotard) crêem nas narrativas escritas locais sobre como as pessoas fazem as coisas em conjunto" (p. 44). O construcionismo rechaça também as grandes macroteorias da psicologia e se volta para a construção contextual das práticas discursivas que são produzidas de forma diferenciada em contextos sociais diferentes. De um modo geral, o caráter processual dos espaços sociais presentes, que se apresenta através dos processos simbólicos produzidos nas relações, é a prioridade do construcionismo social, em que são sintetizadas as heranças que assinalamos anteriormente.

Uma tarefa complexa, mas necessária no campo da psicologia – semelhante àquilo que fez Potter em seu estudo do construcionismo, com relação à construção dos fatos (1998) – seria especificar seus objetivos na psicologia e dialogar com os antecedentes que, nesse campo, antecipam uma posição construcionista. Creio que é extremamente necessário analisar o impacto de autores situados em uma perspectiva construcionista em outros campos e seu impacto para a construção da própria psicologia. No entanto, é uma tarefa realmente complexa, já que a obra dos clássicos tem uma grande mobilidade e riqueza e torna-se difícil situá-la em uma relação direta com um tipo de posição concreta. Gergen tenta fazer isso em seu livro *Una invitación a la construcción social* (1999), mas, a meu ver, não é bem-sucedido, e trata de uma maneira muito geral um conjunto de problemas que Potter já havia analisado (1998) de uma perspectiva muito mais específica com relação a um problema concreto: a construção dos fatos a partir de diferentes perspectivas.

O construcionismo tem uma grande repercussão epistemológica ao considerar o conhecimento como uma construção social e quando enfatiza as influências extraepistemológicas da ciência. Nesse ponto ele foi profundamente influenciado pela filosofia da ciência através dos trabalhos de Kuhn e Feyerabend, entre outros. No entanto, nem todos os autores construcionistas apoiam o relativismo radical que caracterizou os representantes desse movimento na psicologia, especialmente o relativismo de Gergen, que foi criticado por Harré (1995). À diferença de Gergen, e também de Shotter, Harré parte de um construcionismo produtor de outro espaço ontológico, do qual se deriva um conjunto de consequências epistemológicas. Com relação à base ontológica do construcionismo Harré diz que (1992):

> A base inflexível de todas as ações humanas é a conversação humana, os elementos pelos quais os atos são produzidos pela ação conjunta dos expositores. Essa foi a ontologia sobre a qual Muhlhausler e eu (1990) construímos nossa teoria da construção pronominal das pessoas. A conversação, como o fluxo de ações conjuntas, é um mundo tão robusto como aquele do fluxo da energia eletromagnética. Ele é feito por todas as pessoas, mas sem ser por ordem de ninguém. Ao mesmo tempo é nesse mundo que as pessoas são feitas (p. 157).

Harré adota como definição ontológica o fluxo de ações conjuntas produzidas em espaços de conversação. Embora isso seja geral entre os autores construcionistas, em Harré esse fluxo tem características que o constituem como espaço e que vão contra a idéia de Gergen de que "as práticas discursivas implicam sempre o uso de uma ou outra linguagem, dentro de cujo sistema elas são inteligíveis e garantidas" (Harré, p. 155). Segundo Harré, "todos os usuários de linguagem compartilham uma forma humana de vida"

(p. 155). É nesse ponto que existe uma diferença essencial entre Harré e Gergen, já que o último não vê a relação entre a linguagem e as formas de vida. Talvez seja também por isso que Shotter considera Harré um realista (1992).

Apesar de seu esforço para relacionar a linguagem com uma forma de vida, e de considerar as conversações como ações conjuntas, como a unidade da psicologia social, Harré não inclui o estudo daquelas zonas desses espaços sociais que constituem o sujeito que conversa, mais além da dimensão presente do processo de conversação. Também exclui a possibilidade de construir espaços não visíveis da sociedade através de indicadores de natureza diferente, não só linguística, produzidos nas conversações algo que já seria situado pelos autores construcionistas em uma posição francamente realista.

Creio que muitos autores convergem hoje em dia com relação à posição de que uma construção teórica não é um reflexo nem um mapa de uma realidade externa. Portanto, quando o construcionismo elabora esse princípio epistemológico como bandeira de diferenciação, na realidade, está compartilhando uma afirmação amplamente aceita atualmente. O problema não está aí. O próprio realismo científico compartilha esta posição (Greenwood, 1992). A meu ver produzimos, em nosso trabalho científico, uma delimitação teórica sobre o problema que trabalhamos, através da qual geramos o momento empírico de nossas investigações, que está inseparavelmente associado à delimitação teórica que produzimos. Isso não significa que essa zona do problema sobre o qual estamos atuando seja simplesmente uma construção discursiva, frente a uma realidade discursiva. A zona que delimitamos pertence, no caso da psicologia, a um domínio ontológico que não se esgota no simbólico e que não perde sua capacidade de expressão sobre nossas investigações devido ao recorte teórico no qual o visualizamos. É precisamente por isso que o momento empírico não é apenas uma construção; ele é também um momento de um sistema complexo que, em sua expressão, não se subordina ao sistema teórico a partir do qual efetuamos o corte. Esse sistema, dentro do qual existe o recorte do problema sobre o qual atuamos em nível empírico, chamamos de realidade, também por uma convenção semântica.

Essa realidade que definimos através de diferentes atributos que conseguimos distinguir no mundo em que vivemos aparece como uma construção social e intelectualmente produzida, que dá lugar aos objetos das diferentes ciências. Essas, em sua produção de conhecimento, aspiram a produzir inteligibilidade, uma inteligibilidade que se legitima em nível de nossas construções e práticas e não por uma relação direta, de reflexo, entre nossas construções e aquele sistema ao qual pertence nossa delimitação teórica, que é inacessível em sua totalidade a nossas práticas de conhecimento. No entanto, o fragmento que delimitamos teoricamente para estudar o problema que transformamos em objeto de investigação tem formas de expressão que transcendem nossas construções atuais e que, na tensão que é gerada entre os aspectos imprevisíveis e novos do momento empírico e nossas representações teóricas atuais, conduz a novos momentos na produção de conhecimento. O novo no momento empírico é sempre compatível com a delimitação teórica que o definiu; no entanto, é capaz de entrar em contradição com os aspectos dominantes da teoria que serve de base a essa delimitação.

O conhecimento se apresenta, dessa forma, como uma produção teórica que avança através do confronto de nossas ideias e representações com o momento empírico, o que é o objetivo principal da metodologia de investigação. Essa aparece sempre definida de uma perspectiva teórica e epistemológica que até hoje foi bastante negligenciada na história da psicologia, e pode ser que isso tenha sido uma das razões para a fixação empirista com os modos dominantes de produção de conhecimento psicológico. Não vemos a representação como uma entidade separada dos processos representados, e sim como uma forma de organização intelectual, como um modelo que conhecemos, e que participa de forma permanente no processo de conhecimento. Mas não participa *a priori* para forçar a informação que aparece de forma arbitrária, e sim como um momento do pensamento que se confronta com a dispersão e a complexidade do empírico, tentando organizá-lo em espaços teóricos de inteligibilidade.

Nessa definição, o conhecimento representa um processo que nos capacita para a produção de inteligibilidade sobre sistemas diferentes a nossa teoria, embora todo conhecimento seja sempre uma expressão do sistema aplicado pelo homem para construí-lo. Nesse sentido, estabelecemos uma diferença essencial com o construcionismo social: o conhecimento não representa apenas uma prática discursiva de negociação entre os cientistas, ele representa uma forma de produzir inteligibilidade sobre um sistema de ordem diferente daquele que foi usado para produzi-lo. Essa inteligibilidade nunca é um mapa daquilo que foi estudado, e é produzida através de narrativas socialmente construídas. No entanto, essas narrativas têm a capacidade de manter uma relação com o problema, embora essa relação não se estabeleça através dos termos da própria narrativa que é sensível a indicadores do problema estudado.

Com relação ao conhecimento da sociedade, isso significa que a sociedade é um sistema complexo, constituído por uma diversidade de níveis e processos, dentro do qual as práticas discursivas e a linguagem estão relacionadas com elementos de outra ordem que não são diretamente acessíveis a essas práticas e que devem ser construídos através delas. Creio que um dos maiores desafios da psicologia é poder construir os vínculos entre a produção imaginária, subjetiva, da sociedade e das pessoas e os vários aspectos que configuram uma ordem social ou outra, muitos dos quais não são visíveis nos níveis atuais de produção teórica.

A menção aos aspectos não visíveis que constituem a ordem social nos remete à ideia da constituição das formas de realidade, algo que não tem nada que ver com o existencialismo, nem como uma ordem preexistente do real que atua na qualidade de determinante de suas formas atuais de expressão. Tem a ver, sim, com o reconhecimento de formas históricas de organização de realidades diferentes que não se diluem nos processos atuais de seu funcionamento, e sim que os constituem e, por sua vez, se desenvolvem neles, em um processo, no caso do social, que é inseparável de seus protagonistas e de seus contextos.

2.2.3.1 Características gerais do construcionismo social

Apesar das várias tendências dentro do construcionismo, é possível definir algumas características gerais desse movimento. Algumas delas, aliás, já começaram a ser analisadas na seção anterior. Em primeiro lugar, eu diria que o construcionismo representa a realidade, as pessoas e os fenômenos psíquicos como sendo produzidos discursivamente. As práticas discursivas são vistas como práticas sociais conjuntas cuja unidade fundamental são as conversas. O construcionismo coloca os processos psicológicos como práticas produzidas em sistemas conversacionais, e com isso rompe com a naturalização das taxonomias estáticas que caracterizaram a produção do conhecimento psicológico e que o influenciam até hoje.

O construcionismo coloca o psíquico no processo das relações, no entanto, define tanto as pessoas quanto os espaços em que essas práticas conjuntas se realizam como produções discursivas, situadas somente no espaço da conversação e independentes de qualquer elemento que esteja fora desses espaços. Shotter diz (1992):

> Embora seja verdade que nós os construcionistas não tratamos a conversação como algo relacionado com uma realidade extralinguística, isso não significa que pensamos que tudo é possível. Ainda é possível para nós descobrir que não podemos agir como gostaríamos (p. 175).

As conversações se transformam no objeto do construcionismo sem nenhuma referência a qualquer outro sistema ou processo da realidade social de seus protagonistas. O que é construído são as ações conjuntas, simbólicas, que se produzem na conversação e através das quais são definidos os objetivos e os recursos nela envolvidos. Para o construcionismo, tudo é produzido conjuntamente, o sujeito não tem nenhuma capacidade criativa nem generativa em sua condição individual. Ele aparece sempre como discursivamente produzido em atividades conjuntas. Produz-se, assim, um coletivismo artificial e arbitrário do social, que se mantém somente em seus momentos relacionais.

O fato de que as conversas não tenham qualquer referência externa faz com que os sujeitos que participam dela sejam considerados só como momentos discursivos. O construcionismo social não leva em consideração qualquer outra coisa neles que não seja de natureza discursiva. Nesse sentido, a pessoa é constituída discursivamente, não há nada nela que não seja simbólico. A pessoa nunca chega a ser sujeito, ela é simplesmente um momento do processo discursivo em que está sendo produzida em seus espaços de relação. Aqui a herança de Mead é direta: vai-se produzindo uma dependência total da pessoa a seus espaços imediatos de ação social.

Harré escreve (1992):

> Não existe uma produção individual de atos intencionais. Eles são todos conjuntamente produzidos. À medida que nós nos tornamos mais sofisticados em nossos poderes discursivos, o interlocutor se transforma no outro generalizado (Mead, 1934), a representação genérica feita por um indivíduo de um interlocutor abstrato. Essencialmente a ideia é que todos os atos intencionais são criados conjuntamente, por uma interação entre um ator e uma pessoa específica ou por alguma representação generalizada da "outra pessoa" (p. 146).

Segundo a citação anterior o sujeito é completamente excluído em sua capacidade geradora de atos individuais, não existe produção individual, o que já está presente na gênese exteriorizada e mimética do comportamento social da pessoa em relação ao "outro". O construcionismo representa talvez a continuidade mais ortodoxa do pensamento de Mead com relação ao lugar que atribui à pessoa na produção social. O social é colocado na exterioridade de um "outro presente" em cada comportamento da pessoa. O social se mantém assim em uma dimensão da exterioridade com relação à pessoa. Não podemos nem dizer de exterioridade, porque, na verdade, a pessoa não existe, não tem especificidade com relação à trama discursiva, embora o construcionismo tente resolver isso, quando afirma que as práticas discursivas constituem o tecido em que o social e a pessoa se integram. Essa é uma ideia central de todos os autores construcionistas, cujo precursor foi Mead: o *self* é colocado do lado de fora, no tecido de relações do sujeito e só existe dentro desse espaço.

É interessante observar que no campo da psicologia surge um conjunto de termos que, mesmo representando, sem exceção, uma posição construcionista, se diferenciam entre si devido a heranças intelectuais e formas de socialização diferentes de seus próprios saberes e expressam fortes contradições entre os próprios autores construcionistas. Assim, por exemplo, Harré estabelece uma forte relação entre a psicologia discursiva e a segunda revolução cognitiva, na qual a narratologia de Bruner é uma das fontes essenciais. A psicologia discursiva é menos radical que a dialógica ou propriamente construcionista, desenvolvida, entre outros, por Shotter, no sentido de que, para a psicologia discursiva, embora não existam processos psíquicos no sujeito, dá-se uma internalização do externo que os autores mais radicais do construcionismo não reconhecem.

Escreve Harré (1995): "Como o discurso é primariamente público e só secundariamente privado, ou seja, cognição, o uso de instrumentos diversos para as tarefas mentais é primariamente público e só depois privado e individual" (p. 144). Esse é um dos princípios da primeira fase de Vygotsky que foi adotado de uma maneira descontextualizada pela psicologia ocidental e que se transformou em um princípio da chamada psicologia sociocultural americana que, na visão de alguns autores, pouco se diferencia da chamada psicologia discursiva. Para o construcionismo, a questão não é o uso de instrumentos, e sim os processos de conversação nos quais se produz uma realidade que só existe no próprio fluxo conversacional e que não tem nada a ver com o momento íntimo dos protagonistas.

Outra tendência que pode ser observada na citação anterior de Harré (1995) é sua identificação do momento íntimo com o cognitivo, o que é uma manifestação da predominância do cognitivismo tanto na segunda revolução cognitiva quanto na chamada psicologia discursiva. O conceito de discurso é precisamente um dos conceitos que deveria ser discutido seriamente devido à grande quantidade de sentidos com que é utilizado e suas várias consequências para a psicologia de cada um desses sentidos.

A ausência de qualquer definição psicológica dos protagonistas de uma relação, presente também na proposta metodológica do construcionismo (Potter, Billig), não deixa de ter elementos muito contraditórios quando esses autores nos colocam em situações concretas de produção de informação dessa perspectiva. Assim, por exemplo, em um dos exemplos apresentados por Potter (1998) – autor que se concentra nos elementos que explicam a legitimidade da construção dos fatos através de um conjunto de recursos propriamente narrativos – aparece uma situação em que quatro pessoas estão conversando e, de repente, escuta-se um barulho fora do quarto onde se encontram. Diante disso, uma das participantes, uma mulher, dirige-se a um dos homens nos seguintes termos: 'Neil, você está calçado'. Sobre essa base, o autor nos mostra o estilo voltado para a ação de uma descrição e nisso estamos completamente de acordo. No entanto, ele vai mais além em sua interpretação e diz:

> Ao pedir a Neil que investigue o barulho, Diana se expõe a ser tachada de "preguiçosa" ou até mesmo de "covarde". Ou seja, o fato de se concentrar nos sapatos de Neil afasta a atenção dessas interpretações problemáticas e a dirige para a questão de quem está calçado e, por isso, pode sair, e não para a questão de a quem se poderia obrigar a sair, ou quem não tem medo de sair (p. 143).

Não há dúvida de que, como coloca o próprio Potter com relação ao exemplo apresentado:

> O processo de construção, na verdade, tenta coisificar as descrições para que elas pareçam sólidas e literais. O processo oposto, de destruição, tenta ironizar as descrições para que pareçam parciais, interessadas ou defeituosas em algum sentido (p. 147).

Naquilo que foi exposto pelo autor, vemos um recurso narrativo que realmente pode ter várias interpretações, inclusive dentro de contextos culturais diferentes, já que, na América Latina, a mulher não teria necessidade de ocultar a expressão de medo, e só teria que disfarçar seu sentimento para não parecer que estivesse dando uma ordem direta ao homem, porque a representação que ainda domina a relação de gêneros apresenta como algo natural o fato de que, em casos como esses, é o homem que deve realizar a ação. Além disso, o próprio autor coloca elementos possíveis de serem evitados, que já não são de ordem narrativa, e sim pessoal, como, por exemplo, não ser tachada de preguiçosa ou de covarde. Diante disso, poderíamos nos perguntar se o temor de ser tachada de preguiçosa ou covarde é simplesmente uma expressão simbólica, ou está associado com emoções que a pessoa prefere evitar e que, portanto, expressam algo que tem valor para ela. No segundo caso, estaríamos falando de elementos relacionados com a pessoa que fala e não só da situação narrativa conjuntural que se apresenta. Não há dúvida de que a separação de qualquer narrativa da pessoa é só uma hipótese que está longe de ser evidente nas formas metodológicas utilizadas por esses autores até hoje.

Para o construcionismo social, o objeto de estudo está contido na conversação. Potter (1998) enfatiza a necessidade de definir por que uma conversa se legitima, se converte em realidade, em fonte de construção de fatos e outras não, e se volta para o estudo dos mecanismos envolvidos nesse processo à diferença de Gergen que nos fala do caráter básico da narração, mas que não se pergunta por que umas narrações funcionam e outras não. Shotter, por sua vez, volta-se para os processos envolvidos na coordenação e direção das atividades conjuntas por parte das pessoas, que é o que faz essas coordenações possíveis, e pergunta quem se beneficia com tais transações, que recursos estão disponíveis nesses espaços de transação etc. O espaço transacional é o objeto de trabalho do construcionismo, tudo se produz nesse espaço, ali se constroem memórias, percepções etc.

Diz Shotter (1995):

> No construcionismo social, as duas premissas de, por um lado, uma ordem oculta por trás das aparências e, por outro, um sujeito individual que chega a conhecer um mundo separado, um mundo objetivo, são abandonadas. Elas são substituídas pela afirmação de que, na verdade, nós vivemos em um mundo instável, vago, só parcialmente especificado, aberto à especificação completa como resultado da atividade de comunicação humana; isto é, não é o cálculo monológico que estrutura nossas condutas e sim o uso dialógico das palavras (p. 164).

A citação anterior resume um conjunto de aspectos centrais do construcionismo: primeiramente, o cenário dos processos de construção são os próprios processos de conversação, não há nada, nem de um mundo externo a eles, nem do mundo ou da história dos sujeitos que deles participam que seja passível de ser estudado. A qualidade daquilo que é produzido na conversa é essencialmente conversacional e simbólica. Daí não haver nada oculto, não há nenhum sistema que se expresse por trás daquilo que está sendo conversado, tudo está no próprio conteúdo da conversação e deve ser construído a partir dela. Nesse sentido, como disse Gergen (1999):

> [...] o terapeuta e o paciente trabalham conjuntamente para gerar uma narrativa que inevitavelmente apoiará as suposições da teoria psicanalítica. Essa narrativa servirá não só como a chave para curar o paciente, ela se transforma em "minha vida" (p. 72).

Não há dúvida de que a narrativa cria um mundo com efeitos psicológicos diferentes do mundo em que o paciente estava situado em sua patologia. No entanto, nem o mundo criado pelo efeito narrativo, nem aquele gerado pela patologia, são simplesmente espaços criados dentro de conversações diferentes: eles são o resultado da organização histórica da configuração de sentidos da vida do paciente, uma configuração que se expressa em uma emocionalidade e em um conjunto de processos simbólicos em constante evolução, suscetíveis de encontros atuais com os outros. É nesse nível de evolução da patologia que a cura é facilitada pelo surgimento dos jogos de linguagem envolvidos nas narrativas co-construídas dentro do espaço terapêutico. Em outro nível, porém, ou em outro tipo de patologia, o principal indicador do processo terapêutico é a incapacidade do sujeito de reagir ao outro, o que implica o uso de outros recursos. Esses podem ser a produção de novas formas de emocionalidade que possibilitem a aparição de um outro, que pode ser, em primeira instância, um animal, ou qualquer outro. Isso mostra a necessidade de recursos diferenciados nos processos terapêuticos que vão mais além da ordem puramente simbólica dos processos narrativos.

Se os recursos terapêuticos se diferenciam, e se, na história das práticas terapêuticas, é possível encontrar recursos infinitos que não são meramente narrativos, é porque a natureza da própria patologia não se restringe à ordem narrativa. O campo da terapia é, portanto, precisamente um dos cenários mais importantes para o estudo das hipóteses construcionistas e até mesmo de outras como aquelas que defendo com relação à subjetividade e à produção de sentidos.

O construcionismo considera que o que as palavras designam está definido dentro das formas de vida já constituídas por nosso uso não referencial, retórico-respondente de tais palavras (Shotter, 1995). Isso, que é fortemente inspirado em Wittgenstein, certamente foi um aspecto completamente negligenciado das representações dominantes que orientam o trabalho dos psicólogos. Esses, em sua maioria situados ainda em uma perspectiva empirista, substancializam os termos que empregam e desconsideram as práticas e contextos nos quais esses cobram seu significado. No entanto, nossa maior oposição a essa interpretação não tem que ver com seu aspecto crítico, dirigido contra a naturalização dominante na psicologia, e sim no fato de que a palavra que está organizada em nosso uso retórico não é simplesmente um artefato simbólico. Ela é um sentido que está associado a um sistema que marca seu uso histórico, que é acompanhado por uma multiplicidade de sentidos que caracterizaram a institucionalização de seu uso retórico. Portanto, o sistema de referência, a meu ver, está mais em uma delimitação da subjetividade social do que em um momento conversacional extraído do sistema em que a conversação adquire um sentido subjetivo.

Assim, por exemplo, o uso da palavra responsabilidade em determinadas ordens institucionais está muito mais associado a uma ordem retórica que implicitamente indica submissão, controle, dependência e cumprimento do que com compromisso, produção, qualidade e criatividade. Não há dúvida de que isso, como assinala Shotter, responde mais a uma forma de vida organizada e compartida que constitui os diferentes usos das palavras de uma forma não referencial. No entanto, ligado a isso existem valores ("velho termo") ou sentidos valorativos, portadores de uma emocionalidade e de um valor simbólico, que têm que ser explorados em outro nível. É possível também que existam formas de poder que respondam a aspectos que estão em um nível mais "soterrado" de organização institucional e que não sejam acessíveis de forma direta à análise das conversações. É precisamente nesse outro nível que se expressa o valor heurístico da subjetividade para a psicologia.

O construcionismo defende a ausência de qualquer ordem predeterminada no processo conversacional que atue como unidade de análise. A meu ver, a organização de um processo simbólico, ou de qualquer processo subjetivo, é algo que existe. A aceitação dessa premissa já é difícil para o construcionismo, por se tratar da aceitação de uma qualidade referencial do construído. No entanto, essa organização não se apresenta como predeterminada em sua influência sobre o processo em curso e sim como um momento no desenvolvimento desse processo. Nesse sentido, não interpretamos a organização de um sistema como uma estrutura rígida que atua de fora sobre o momento atual do sistema. Ao contrário, a organização é um sistema vivo que intervém na qualidade das expressões do sistema no contexto atual em que se expressa e daí a impossibilidade de uma previsão sobre o comportamento de qualquer sistema complexo com base apenas no conhecimento de suas formas de organização.

O construcionismo social apresenta o social em termos de produção narrativa e embora não se interesse pelo caráter científico dessa produção, na verdade gera visibilidade sobre processos que estiveram completamente ausentes da psicologia e que se voltam para subverter a ordem natural, realista e estática que dominou a produção domesticada do pensamento psicológico que, em grande parte, esteve submetida a uma ordem institucional dominante. Segundo essa ordem, ele avalia, classifica e orienta as pessoas e grupos com um fim muito mais adaptativo do que criativo e produtivo. Por essa razão, como ocorre com as repercussões que o construcionismo social tem na filosofia das ciências e nos vários campos do conhecimento social, ele nos traz contribuições das quais é muito difícil se esquivar.

No campo da psicologia, sinto que existe um déficit nos representantes mais importantes desse movimento: sua falta de diálogo com as formas alternativas de produção de conhecimento em nossa área. Falta também uma reflexão profunda sobre os limites e significados dessa história do conhecimento psicológico, que certamente não pode ser resumida em três ou quatro características gerais como as que abundam nos escritos de alguns desses autores quando se referem a movimentos complexos da psicologia, como a psicanálise... A maneira como a psicologia evoluiu em sua visão do homem e da psique teve e continua a ter momentos diferentes. Neles foram desenvolvidas representações do homem, posições epistemológicas e sistemas de práticas e narrativas que mantiveram seu curso histórico e que estão intimamente associadas com o desenvolvimento de nossa ciência nos dias de hoje.

No campo da psicologia social, que é onde o construcionismo se expressou com maior força, sinto que esse movimento mantém uma tendência que representa uma continuação das posições que significaram uma alternativa à psicologia social objetiva, naturalista, individualista e comportamental: a reificação da comunicação e dos processos simbólicos, em detrimento da compreensão da especificidade ontológica dos processos psíquicos do sujeito e dos vários espaços sociais em que esse vive. No construcionismo essa tendência se radicaliza, já que ele só se interessa pelos processos produtores de realidades simbólicas na conversação e, com isso, não reconhece nenhum processo ou formas de organização constitutivas nem do indivíduo, nem da sociedade, reconhecendo somente, e isso no caso de autores que se caracterizam por essa posição na psicologia, os espaços de conversação imediatos que se tecem nos vários cenários sociais.

A sociedade como sistema complexo é totalmente substituída por diálogos e sistemas conversacionais em contextos culturais que, não há dúvida, são reveladores de muitas coisas, mas que não podem ser vistos separadamente de outras características desses sistemas que não são exclusivamente discursivas. Creio que algo importante da dialética, e que a teoria da complexidade adota mais recentemente, é a visão da interdependência dos fenômenos. Excluir o pensamento humano e a tensão gerada pelos sujeitos como forma de desenvolvimento dos espaços sociais, a meu ver, tem inúmeras consequências negativas para o desenvolvimento da psicologia social.

Considero a produção de narrativas como expressão de sentidos que não se esgotam nas formas narrativas que os expressam. As narrativas vieram adicionar mais uma fonte de estudo dos processos subjetivos que a psicologia, em sua individualização comportamental, nunca tinha estudado. No entanto, transformar a própria narrativa no sistema último de construção daquilo que elas expressam parece-me uma simplificação que oculta a verdadeira ordem complexa dos processos sociais.

3. A EMERGÊNCIA DO SUJEITO E A SUBJETIVIDADE: SUA IMPLICAÇÃO PARA A PSICOLOGIA SOCIAL

3.1. A subjetividade em uma perspectiva dialética: a ruptura com o existencialismo intrapsíquico e com a dicotomia do social e do individual

A subjetividade foi totalmente afastada do vocabulário das ciências sociais a partir da filosofia moderna do sujeito e do existencialismo associado a qualidades intrínsecas da natureza humana, consideradas como responsáveis pelos vários tipos de atividade humana. A reificação do subjetivo como natureza humana foi negada por várias perspectivas que se foram desenvolvendo durante o século XX.

A importância crescente da linguística, do pragmatismo, da semiótica e da filosofia da linguagem contribuiu para fazer com que o centro das atenções passasse a ser, em primeiro lugar, os processos de linguagem e de significação e, depois, a visão da linguagem como prática social. Essa visão foi superando a ideia de um indivíduo portador de uma essência, e ponco em primeiro plano a ideia de um indivíduo basicamente organizado em suas práticas simbólicas, o que dava ênfase a seu caráter social e aos processos como atributos distintivos de sua representação nas ciências sociais. Esse descentramento na representação do homem, reforçado pela crítica do pós-estruturalismo e da pós-modernidade, contribuiu para uma ruptura gradual com a imagem de um sujeito constituído, o que fez com que, eventualmente, os conceitos de sujeito e de subjetividade começassem a parecer obsoletos.

Como argumentei em uma publicação anterior[1], a modernidade entra na psicologia basicamente através do empirismo, e não

---

1. GONZÁLEZ REY, F. (2002). *Sujeto y subjetividad*: una aproximación histórico-cultural. México: Thomson.

pela filosofia moderna do sujeito. Até mesmo porque o conceito de consciência, que teve um certo papel de destaque nos primeiros anos da fundação da psicologia com os trabalhos de Wundt, foi prontamente rechaçado na rápida e progressiva hegemonização norte-americana da psicologia moderna. O comportamento e a ordem descritiva e objetiva dominante na metodologia, hegemonizaram as representações dominantes da psicologia no século XX. Até a própria psicanálise, interessada em reivindicar uma representação da psique como sistema constituído e inexequível pela aparência, que quase chegou a atribuir à psique uma ordem ontológica diferente, acabou restringindo a interpretação da psique a metáforas presentes nas representações dominantes das ciências da época, o que dificultava sua posição como um sistema qualitativamente diferente do biológico por um lado e do social por outro.

Contribuíram também para a exclusão da subjetividade do domínio da ciência, por um lado, o fato de que o termo subjetivo passou a ser associado com erro e distorção, uma distorção proveniente do sujeito. Essa distorção foi desqualificada pela representação positivista que dominou a psicologia de forma absoluta na primeira metade do século XX. E, por outro, a significação que dominou o termo na perspectiva da cognição social, que justapunha a experiência subjetiva interna e o mundo objetivo externo. Nenhum autor especificou a natureza ontológica da psique como fenômeno subjetivo. O subjetivo era associado ao interno, ao distorcedor, ao espiritual, ao reflexo do externo, ao oculto, mas, em nenhum caso, se especificava a nova ordem de processos que caracteriza a produção subjetiva. Com isso, a descentração da metáfora naturalista-individualista levou ao predomínio de uma metáfora linguístico-sociológica. O simbólico substituiu o interno e reificou a ordem do social, um social que perdeu o sujeito e toda a produção psíquica que não fosse de ordem simbólica, como vimos no capítulo anterior.

A representação dialética dominante nos primórdios da psicologia soviética, que representava uma dialética em movimento, comprometida com a mudança e o novo, permitiu o desenvolvimento progressivo de uma representação da psique que foi integrando em sua interdependência o diferente, para finalmente produzir uma nova definição ontológica do subjetivo: a produção de sentidos. O conceito de sentido, introduzido por Vygotsky na psicologia, e desenvolvido de maneira acelerada em seus últimos trabalhos, como mostramos no primeiro capítulo, dá fim a uma psicologia social e historicamente configurada, mas que não foi substituída por uma metáfora sociológica. A categoria sentido permite visualizar a especificidade da psique humana e incorporar um atributo ao social: o caráter subjetivo dos processos sociais. Com isso desvanece a dicotomia objetivo-subjetivo, que era inseparável da dicotomia interno-externo. A subjetividade não é o oposto do objetivo, é uma qualidade da objetividade nos sistemas humanos produzidos culturalmente.

A subjetividade permite uma reconstrução não só da psique individual, como também das várias formas de produção psíquica, próprias dos cenários sociais em que vive o homem, assim também como da própria cultura. A cultura é uma produção subjetiva que expressa as condições de vida do homem em cada momento histórico e em cada sociedade concreta, mas que constitui uma produção diferenciada que indica precisamente o curso dos processos de subjetivação que orientaram a ação humana em cada época e ambiente em que essa ação foi realizada. A cultura não é uma adaptação à realidade objetiva que se expressa nela, e sim uma produção humana sobre essa realidade, desenvolvida não como expressão direta de atributos objetivos a ela e sim pela forma como o homem e a sociedade produziram sentidos subjetivos diferenciados diante dela a partir de suas histórias. A subjetividade é inseparável das necessidades que ela gera no curso de sua história e, portanto, em nível subjetivo, é impossível existir um reflexo objetivo de alguma coisa que não dependa das necessidades do sistema que reflete, necessidades que se expressam tanto em sujeitos concretos, como naqueles espaços sociais em que as pessoas se relacionam.

De uma perspectiva dialética, o resgate da subjetividade, em vez de coisificar a definição de subjetividade em uma instância, entidade ou tipo de processo concreto, foi capaz de estender e compreender a produção de sentidos a todos os processos e formas de organização da atividade humana, dos processos macrossociais até os microssociais e os individuais. A subjetividade não se substancializa em atributos universais. Ela representa uma produção de sentidos inseparável do contexto e das formas complexas de organização social que estão por trás dos vários espaços de ação social. A subjetividade é um sistema permanentemente em processo, mas com formas de organização que são difíceis de descrever e que, portanto, epistemologicamente, não são acessíveis à descrição. Isso foi corretamente expressado pela representação que Freud fez sobre a psique. A subjetividade é da ordem do constituído, mas representa uma forma de constituição que, por sua vez, é permanentemente reconstituída pelas ações dos sujeitos dentro dos diversos cenários sociais em que atuam.

Dessa perspectiva, a subjetividade representa um nível macroteórico para a construção do pensamento psicológico. E, para não gerar nenhuma confusão, o que quero dizer quando me refiro ao macroteórico não está relacionado com uma ordem universal prévia, à qual devemos adequar aquilo que estudamos, e sim a uma teoria geral que participa do sentido que adquirem todas as construções específicas dentro de um campo de conhecimento. Por sua vez, ela é também um momento de referência para todas as novas construções dentro da delimitação teórica que orienta esse processo construtivo. Nesse sentido, a subjetividade representa uma teoria básica e geral sobre a psique, que permite a articulação dos diferentes campos da psicologia aplicada, até agora fragmentados e dispersos por construções teóricas parciais. Cada campo daquela que é erroneamente chamada de psicologia aplicada se transformou em um espaço teórico específico que se nutre de si mesmo sem nenhuma articulação com os outros campos, o que nada mais é se não uma evidência da crise teórica da psicologia.

Assim, por exemplo, a psicologia social surgiu como algo diferente e sem pontos de contato com a psicologia educativa, pois ambas estão voltadas para microproblemas que não têm nada em comum. Isso põe em risco a própria definição da psicologia pela ausência de qualquer referente comum que nos permita, através das diferenças entre os campos aplicados, dialogar e avançar no conhecimento de um tipo de delimitação teórica que supostamente daria unidade ao campo. A capacidade de progresso naquilo que é diferente no conhecimento de um sistema complexo que tem diferentes cenários, e que se expressa em todos os contextos de atividade humana, é o objetivo de um nível macroteórico que deveria ser o campo de uma psicologia básica ou geral e que hoje está monopolizado por uma das abordagens particulares da psicologia quando se identifica psicologia básica com análise experimental da conduta.

É precisamente a possibilidade de desenvolver a psicologia com uma unidade teórica específica, como o sentido subjetivo que pode representar uma das formas de unidade do campo que permita um dos possíveis desenvolvimentos de uma psicologia geral através da diversidade e tensões da construção do conhecimento nos diferentes campos da psicologia aplicada. Esses campos, por sua vez, se complementam e se contradizem no desenvolvimento de seus *corpus* teóricos.

O sentido subjetivo delimita a especificidade do psíquico em todas as atividades ou processos humanos, portanto é uma condição nova, desconsiderada durante muito tempo, à qual é preciso dar atenção na produção de todas as experiências humanas. Por isso, não há nenhuma contradição quando falamos de espaços diferentes de subjetividade para designar os espaços em que esta é produzida, pois a subjetividade se produz de forma simultânea em todos os espaços da vida social do homem. Isso faz com que o sujeito, subjetivamente constituído ao longo de sua história, desenvolva processos de subjetivação em cada uma de suas atividades atuais e que os sentidos subjetivos produzidos em cada uma dessas atividades constituam subjetivamente as outras, em um processo permanente de integração, organização e mudança que tem de ser captado em seu caráter processual. Esse fato muda completamente a maneira fragmentada e estática pela qual estudamos as diferentes atividades humanas e seus processos de motivação correspondentes.

A motivação não é específica de uma atividade, é uma motivação do sujeito, uma configuração única de sentido que participa da produção de sentido de uma atividade concreta, mas que não é alheia aos outros sentidos produzidos de forma simultânea em outras esferas da vida do sujeito. O sentido subjetivo é a integração de uma emocionalidade de origens diversas que se integra a formas simbólicas na delimitação de um espaço da experiência do sujeito. No sentido subjetivo integra-se tanto a diversidade do social quanto a do próprio sujeito em todas suas dimensões, incluindo a corporal. As emoções associadas à condição de vida do sujeito se integram em sua produção de sentido.

Imaginar que o sujeito é constituído subjetivamente é a única maneira de representarmos, na integridade de sua ação específica, a multiplicidade de sentidos subjetivos que o definem como sujeito social e pessoal. Assim, ao estudar os elementos de sentido envolvidos no fracasso escolar, dentro de uma sociedade ou comunidade concreta, estamos nos deparando com processos que caracterizam o funcionamento da subjetividade social nesses espaços, pois são uma expressão de processos sociais dominantes nesse espaço social.

Tentarei especificar o que entendo por caráter social do sujeito, tendo em conta que A. Touraine, a quem considero uma referência importantíssima na recuperação do valor do sujeito para o pensamento nas ciências sociais de hoje, e com quem dialogarei intensamente na próxima seção, disse (2002):

> A afirmação fundamentalmente não social, porque a ordem social é o anto do sujeito, mais defensiva que conflitante, deve se impor através de contraofensivas no espaço público, o que implica um conflito com as forças econômicas e com o poder. O sujeito é um conceito-sujeito. Defendo-me contra o social e o reconstruo (p. 35).

Na afirmação anterior de Touraine surge algo que acompanha toda sua definição do social durante sua obra: ele se situa no social como a produção atual que caracteriza os cenários sociais e que, aqui e agora, representa uma produção simbólica institucionalizada em uma multiplicidade de formas que delimitam o campo do social que atua sobre o sujeito. Essa é uma perspectiva legítima de análise do problema, e nela é verdade que o sujeito, em sua definição, terá uma relação contraditória com esse espaço normativo que não deixa lugar para sua expressão. No entanto, quando afirmo que o sujeito é social, o faço com relação a sua gênese, a sua própria história, o que não significa que exista, como afirmei em toda minha obra, uma relação de determinação direta e linear da subjetividade individual por um "social" colocado em uma dimensão externa e objetiva com relação ao indivíduo, o que caracterizou as várias formas de visão sociológica ou objetal da psique.

O que nos permite sair desse "beco sem saída" é precisamente o conceito de subjetividade, na medida em que a produção de sentido se articula de forma simultânea no sujeito individual e na subjetividade social, em processos contraditórios, onde a produção subjetiva de um nível influi no outro através da ação daquele diante da dita produção. A ação do sujeito individual é um momento do sentido produzido por qualquer evento ou processo social sobre o sujeito. Portanto, o sujeito se especifica em sua condição de forma permanente frente ao social atual e essa especificidade é de ordem subjetiva. No entanto, a configuração histórica da subjetividade é uma organização de sentidos subjetivos produzidos através de uma rota social que chega a ser singular e que se transforma em uma fonte de constituição do sujeito através dos próprios sentidos subjetivos que vão se produzindo ao longo desse processo. Processo que, em cada um de seus momentos, contém, de forma inseparável, "peças de sentido" dessa história. E essas peças, nesse momento concreto, não são sociais, e sim subjetivas, constituídas em um sujeito concreto. É essa diferenciação relativa que, a meu ver, pode-se subentender na distinção que Touraine introduz.

Em outra citação de seu trabalho o autor diz:

> O desejo é o sujeito de ser um ator e é-se um ator "social", não um ator no vácuo. O ator social é capaz de modificar seu ambiente, através do trabalho ou da comunicação. Mas essa ação sobre o social tem sempre um fundamento no social, que foi religioso e político mas que hoje é ético (p. 34).

O religioso, o político e o ético não são sociais na medida em que se erguem acima do social atual, o normatizam e o pautam. Eles são instituições que marcam – *a priori* – formas de produção de sentido nos cenários sociais, mas que, apesar disso, se configuram socialmente, todos eles, e sua forma de expressão em cada sociedade concreta irá se configurar através de sentidos subjetivos que expressam o momento atual dessas sociedades. Portanto, são sociais em sua etiologia e em seu desenvolvimento, embora estejam mais além do social no plano das ações concretas presentes nos sujeitos sociais e individuais. Estão mais além do social porque são formas organizadas de subjetividade social que não variam de forma imediata diante dos eventos sociais presentes.

A naturalização na visão dos processos humanos complexos levou primeiro a uma individualização desses processos, colocando no sujeito a responsabilidade por configurações de sentido que são inseparáveis de uma ordem social. Conduziu também a um sociologismo ingênuo na análise dos processos psicológicos, querendo delimitar parcialmente "zonas do social" responsáveis por tipos diferentes de ação individual e ignorando o caráter profundamente singular dessas zonas como produções de sentido do sujeito individual. Assim, por exemplo, fenômenos tão complexos como a violência, que ora são atribuídos à família, ora aos meios de comunicação de massa, sem que se compreenda a sutil integração de elementos de sentido produzidos nos espaços mais diferentes da vida social, que se articulam também de forma diferenciada na expressão violenta de cada sujeito singular e dos espaços sociais em que a violência se expressa. Portanto, a compreensão da gênese social de processos tão complexos nos leva necessariamente a uma construção teórica abrangente, a partir da qual podemos criar uma significação teórica que seja sensível aos vários momentos que se integram a essas produções complexas de sentido. Atualmente, nosso esforço está voltado para a categoria de subjetividade social, que nos permite visualizar elementos gerais de sentido subjetivo, socialmente produzidos em cada espaço específico de subjetivação social. Mais adiante examinaremos em detalhe a relevância dessa categoria para a psicologia social de nossos dias.

Da perspectiva em que a defendemos, a categoria subjetividade – cuja origem está em uma definição dialética que permitiu compreender a psique em sua condição histórica e cultural, sem perder sua especificidade com relação aos distintos sistemas envolvidos com sua expressão e seu desenvolvimento, inclusive o neurobiológico – distinguiu-se radicalmente do representacionalismo epistemológico e do racionalismo que predominavam na psicologia.

A subjetividade não é um sistema racional. Sua organização e desenvolvimento não estão subordinados à razão humana, embora se expressem nela e sejam influenciados por ela. As posições racionais do ser humano são, na realidade, produções de sentido, na medida em que se organizam sobre a base dos interesses e necessidades relacionados aos contextos desde os quais atua, e a partir de suas histórias nesses contextos. Isso situa no centro da potencialidade mobilizadora da razão uma emocionalidade comprometida com uma história e com uns valores que não são iguais para cada nação, grupo social, família ou pessoa que se situam em culturas diferentes. A razão está subordinada a uma produção histórica de sentidos e não ao contrário. Precisamente, é essa uma das características do funcionamento subjetivo humano que tanto dificulta a solução de conflitos em qualquer grupo ou sociedade humana. Cada cultura é uma fonte de produção de sentidos socialmente compartilhada e institucionalmente regulada e controlada, que dificulta muito os processos de particularização individuais. E esses, paradoxalmente, são essenciais para o desenvolvimento de uma subjetividade social saudável. Um dos aspectos essenciais da reivindicação do sujeito é justamente essa tensão entre a subjetivação individual e a pressão social e daí a importância que Touraine atribui a esse conflito.

Os grupos e nações em conflito têm histórias diferentes, memórias diferentes e valores diferentes sobre os mesmos fatos. Tudo isso é acompanhado de uma emocionalidade que, em sua integração inseparável com os processos simbólicos produzidos em cada espaço social, determina o sentido subjetivo dessas histórias. Essas, por sua vez, não irão mudar graças a meros argumentos racionais, pois cada racionalidade terá em sua base uma produção diferente de sentidos. As negociações só são possíveis através de grupos de diálogo, capazes de produzir contradições cuja solução seja impossível apenas com a ajuda das atuais representações e crenças sobre as quais se situam os representantes de cada grupo em conflito no começo do diálogo.

A efetividade de um processo de negociação começará quando os representantes dos grupos em conflito forem capazes de elaborar novas opções, diferentes daquelas com as quais tinham chegado à negociação. E que sejam também capazes de dialogar sobre elas, gerando novas representações que não eram visíveis no começo de sua atividade. Esse é o único processo capaz de produzir novos sentidos e de criar um verdadeiro caminho de integração entre grupos humanos em conflito.

Embora a discussão "racional" possa, em um momento dado, colocar algum grupo ou pessoas em conflito em uma posição superior à das demais em função da qualidade e do poder de convicção de seus argumentos, na verdade, ela não exercerá qualquer influência na mudança da emocionalidade do outro, já que se apoia em uma organização de sentidos que está definida a partir de uma forma de poder da qual o outro – o "derrotado" – não faz parte. É por essa razão que só o verdadeiro diálogo pode representar o verdadeiro caminho para uma nova produção de sentidos capaz de pôr em contato os grupos em tensão. Todo grupo de poder tenta legitimar sua posição com relação aos demais através de uma racionalidade que é, sobretudo, uma produção retórica apoiada em uma posição de poder.

A produção de sentido, os processos de subjetivação são distorcedores, já que estão associados às necessidades de quem os produz e, com isso, não são processos produtores de reflexos sobre sistemas externos a eles. Os sistemas humanos – tanto o homem como os vários espaços sociais em que se constitui – são produtores de sentido, já que são capazes de produzir realidades a partir dos sentidos dominantes em suas culturas, suas histórias, seus valores, suas necessidades, seus mitos e suas crenças. Ou seja, são capazes de produzir realidades culturais que não estão governadas por uma ordem natural externa e sim por sistemas subjetivos que têm uma história e que podem até parecer irracionais para aqueles que não compartilharam essa história. Embora essas diferenças sejam legítimas, o que não se justifica é a luta de umas para dominar e excluir as outras.

Uma das crises que está se agravando na ordem mundial atual é que o avanço tecnológico permitiu o controle de técnicas sofisticadas que facilitam o desenvolvimento da humanidade mas que, ao mesmo tempo, outorgam um grande poder àqueles que possuem o controle dessas técnicas. E esse poder pode envolver o uso destrutivo das mesmas técnicas a favor de uns e em detrimento de outros. Um exemplo disso é a energia nuclear. Assim, os organismos internacionais e as potências que têm esses recursos tentam controlar sua proliferação com base em uma racionalidade que é elaborada por aqueles que já os possuem. Essas tentativas de controle, no entanto, mais do que o poder de convicção dos argumentos usados, têm um sentido diferente para aqueles a quem o controle está dirigido. Isso é a causa das contínuas violações secretas dos acordos por aqueles que não possuem ditos recursos e que, por sua vez, são capazes de gerar um número infinito de novos sistemas de argumentação racional para justificar seus objetivos ou ações divergentes. Todo sistema de sentido é capaz de elaborar racionalidades que fundamentem a orientação de suas ações.

A cultura é uma produção de sentido que legitima a racionalidade de um sistema de práticas compartilhado por um grupo e não por outro e que nunca será modificado, como demonstra a história da humanidade, apenas por apelos oriundos de uma racionalidade externa ao sistema dentro do qual certas práticas são compartilhadas. Portanto, a humanidade enfrenta hoje desafios de natureza subjetiva que nunca enfrentou anteriormente, pois a globalização implica uma ordem global que, para não ser uma ordem de dominação pela força, exige a negociação permanente entre países com culturas e interesses diferentes. O papel da psicologia e sua participação em problemas de ordem macro precisam crescer de forma significativa nos próximos anos, mas, apesar disso, temos uma psicologia social que se concentra, primordialmente, em problemas de ordem micro.

A subjetividade como produção de sentido estimula formas de racionalidade que facilitam assumir e compartilhar as produções de sentido em uma cultura. Essas racionalidades adquirem forma em sistemas jurídicos e morais e em todo sistema normativo elaborado pela sociedade e por suas instituições. Por trás desses sistemas normativos existem sistemas de sentido subjetivo, não só de caráter jurídico, como também político e ideológico. Assim, as rupturas que ocorreram naqueles países que, como o meu, Cuba, foram resultado de uma revolução que modificou profundamente não só o sistema de propriedade mas o sistema político e todas suas instituições, geraram uma oposição que não era só exercida por aqueles que haviam sido diretamente afetados pelas medidas mas também por pessoas que não conseguiram produzir um sentido subjetivo diante das mudanças. Embora de um ponto de vista objetivo essas pessoas tivessem um horizonte social melhor, de um ponto de vista subjetivo não foram capazes de assimilar o novo, um processo que sofreu grande influência do imaginário social dominante antes das mudanças produzidas.

Dessa perspectiva que adotamos, a subjetividade representa um sistema aberto, que se expressa de forma permanente através da ação, seja a de sujeitos individuais ou a das diferentes instâncias e instituições sociais. Portanto, ela se caracteriza por seu caráter processual e em nenhum momento representa um conjunto de entidades estáticas, situadas em uma essência que atua como determinante dos comportamentos do sistema. Nesse sentido, a subjetividade se caracteriza pela mesma natureza processual e envolvimento com o contexto que os sistemas de práticas discursivas apresentadas pelo construcionismo. De onde surgem, então, as diferenças entre esses tipos de processos e qual seu significado para a psicologia e, especificamente, para a psicologia social?

Um significado, um processo simbólico, não é responsável por sua própria emocionalidade. Na verdade, existem inúmeros significados socialmente valorizados que não envolvem emocionalmente muitos setores de uma população. Todo sistema simbólico transita dentro de conjuntos de emoções organizadas em estados de necessidade que, em sua relação com o simbólico, são capazes de legitimar um "espaço" portador de sentido. O sentido subjetivo representa a integração necessária de uma produção emocional com uma história própria, com processos simbólicos de uma natureza diferente, que se incorporaram inseparavelmente a essas emoções dentro de uma delimitação de sentido, tanto em nível de um sujeito concreto como no de um grupo social. Essa integração é arbitrária, tem a ver com histórias diferenciadas nas quais certos espaços adquiriram essa capacidade produtora de sentido. Assim, por exemplo, a violência de um sujeito em sua família pode representar práticas de sentido altamente diferenciadas, impossíveis de serem associadas a uma entidade mental como a agressividade. Em um sujeito, a violência expressa uma configuração organizada em uma história de exclusão e de falta de afeto, associadas a emoções como inveja, ciúme, rancor, que são inseparáveis de processos simbólicos que se expressam em crenças e representações. Isso se dá em um processo infinito, que se desenvolve de forma permanente e que pode atuar como configuração de sentido nos diferentes espaços de relação dessa pessoa. Essa configuração de sentido pode se expressar em emoções e formas de comportamento muito diferentes.

Os elementos de sentido envolvidos na violência familiar de um sujeito serão diferentes do mesmo tipo de elementos de um outro sujeito. Por essa razão o comportamento não é a expressão objetivada de nenhuma entidade psicológica universal, como pretendia a psicopatologia universalizadora que ignora as histórias e os contextos diferenciados dentro dos quais se produz o comportamento rotulado como patológico.

As emoções associadas a sentidos subjetivos são capazes de evocar de forma permanente uma multiplicidade de processos simbólicos, da mesma maneira que os processos simbólicos associados a um sentido subjetivo evocam emoções sem que nenhum dos dois se transforme em causa do outro. Essa capacidade generativa recíproca e permanente entre o simbólico e o emocional é o que caracteriza os sentidos subjetivos. Todo sentido subjetivo se nutre de elementos de sentido muito diferentes, oriundos de espaços e tempos também diferentes da história de uma pessoa ou grupo social. Os sentidos nunca representam conteúdos estáticos universais associados a determinadas práticas humanas. Por esse motivo, dessa perspectiva, a psique deixa de estar associada a qualquer tipo de invariante universal, como aquelas que caracterizaram os sistemas dinâmicos que surgiram como opções à psicologia comportamental na modernidade.

A importância da subjetividade para o desenvolvimento da psicologia social não é resultado apenas do conceito de subjetividade social e suas implicações quando consideramos a sociedade como cenário da produção de sentidos. Ao contrário, o próprio conceito de sentido subjetivo define uma maneira de ver a psique na qual o social está permanentemente envolvido. O conhecimento de uma configuração de sentidos, mais o que ele significa com relação ao sujeito que o produz, também terá múltiplas implicações para o conhecimento dos espaços sociais nos quais aquele sujeito transita.

O conceito de sentido subjetivo se diferencia do conceito de práticas discursivas que caracteriza o construcionismo social por que o sentido subjetivo está necessariamente associado, embora não seja um reflexo delas, a uma constelação de formas de vida objetivas e subjetivas que se integram de forma inseparável na produção de sentidos. O sentido subjetivo expressa a condição vital das pessoas. Assim, dessa perspectiva da subjetividade não existe, como também não existe para o construcionismo social, nenhuma entidade psicopatológica individual, como, por exemplo, o alcoolismo ou a psicopatia. Cada alcoólatra expressa uma produção de sentidos singular que define sua dependência a essa substância. No entanto, nessa produção de sentidos, é possível encontrar elementos comuns de uma situação social compartilhada, como, por exemplo, as crianças que inalam substâncias químicas expressam que isso lhes ajuda a controlar a fome, que lhes dá uma certa euforia e que passa a ser um incentivo para os desafios do dia a dia.

Os autores construcionistas nos diriam que o anterior é uma narrativa compartilhada, e nisso estamos de acordo. Porém não estaríamos de acordo sobre ela ser uma narrativa não referencial a algo externo a ela. Pensamos que essa narrativa é a expressão de uma produção de sentido que expressa histórias locais, mitos e crenças que passam de geração em geração entre as pessoas que compartilham esse contexto, mas que, por sua vez, são eficientes porque estão associadas a elementos objetivos de uma condição humana compartilhada e a uma emocionalidade associada a essas práticas. Essa emocionalidade também é portadora de um sentido que está não só na memória narrada, mas também em códigos de valores atuais.

A relação entre diferentes formas de realidade e a produção de sentidos é indireta, complexa, oculta. Por isso tem de ser construída no processo de produção de conhecimento, construção que adquire valor somente dentro da delimitação teórica que definimos como subjetividade e que não é, nem mais nem menos, que uma delimitação no mesmo sentido em que as práticas discursivas o são. Quando nos referimos a elementos passíveis de serem significados pela categoria sentido, não estamos indicando que a realidade se nos revele nessa categoria, pois isso estaria expressando uma concepção representacional do conhecimento. O que estamos fazendo é enfatizar a capacidade da categoria de produzir inteligibilidade sobre aspectos que são sensíveis ao registro criado por nossa delimitação teórica para abordarmos essa realidade.

A categoria sentido subjetivo, por outro lado, também nos permite explicar um elemento presente em nossa representação teórica sobre a subjetividade e que não aparece construído na representação, nem no *modus operandi* construcionista: as emoções, que, em nossa opinião, são constitutivas das formas de organização da subjetividade e fundamentais para a compreensão dos sentidos subjetivos.

As emoções tomam formas e relações que não estão definidas de maneira imediata por um significado. Algo que duas pessoas compartilham com um mesmo significado não vai ter um mesmo valor emocional para elas. Assim, por exemplo, duas pessoas que são vítimas de uma injustiça, que ambas consideram perversa, e que sofrem as mesmas consequências institucionais como resultado dela, irão ter emoções diferentes diante do fato, o que determinará a produção de sentidos subjetivos diferentes. Esses sentidos por sua vez serão responsáveis pela trajetória de vida diferente dessas pessoas a partir da experiência que enfrentaram. Sentidos subjetivos provenientes de infâncias diferentes, de padrões diferentes de aceitação e relações na história de suas vidas, tingem diferentemente as respostas emocionais desses sujeitos diante de uma experiência concreta vivenciada de forma semelhante por ambos. Na produção de sentidos, não só está, como já expressamos em várias ocasiões, a experiência concreta imediata ou o sistema narrativo dentro do qual se está co-construindo socialmente essa experiência, como também uma história marcada de emoções que, com grande frequência, estão além da capacidade atual de conscientização do sujeito, um aspecto que foi essencial na metáfora freudiana de representação da psique.

Em sua ruptura com uma concepção representacional do conhecimento, essa perspectiva da subjetividade em que me coloco compartilha com o construcionismo social no plano epistemológico a necessidade de transcender uma epistemologia voltada para a resposta, e enfatiza uma epistemologia voltada para a construção, na produção conjunta de tecidos dialógicos, de conversações com os sujeitos estudados. No entanto, à diferença do construcionismo, ela se orienta para a construção de aspectos não visíveis e não diretamente expressos nas conversações, retomando uma função construtivo-interpretativa sobre o material produzido. Essa função está mais além daquilo que está explícito nas conversações, e é de uma natureza diferente à das narrativas que enchem essas conversações. Isso assinala outra diferença com o construcionismo social como essa tendência vem se expressando na psicologia.

O conceito de subjetividade é um macroconceito que integra os complexos processos e formas de organização psíquicos envolvidos na produção de sentidos subjetivos. A subjetividade se produz sobre sistemas simbólicos e emoções que expressam de forma diferenciada o encontro de histórias singulares de instâncias sociais e sujeitos individuais, com contextos sociais e culturais multidimensionais. Esses contextos, que incluem as instituições, os vários tipos de ação social do homem e suas formas de integração macrossocial, aparecem como contextos produtores de sentido através das histórias subjetivas de seus protagonistas, assim como das histórias e processos de subjetivação daqueles espaços sociais em que a ação social se produz. Esses processos de subjetivação se produzem através das relações entre pessoas procedentes de diferentes espaços sociais. No entanto, essas não são relações abertas e espontâneas entre elas, e sim organizadas através de códigos sociais e emocionais. Esses códigos são a expressão cristalizada de configurações de sentido institucionalizadas, que chegaram a ter espaço de poder e que estão presentes o tempo todo nas relações que se produzem e reproduzem nesses espaços sociais através de suas hierarquias dominantes, de seus códigos morais, seus mitos, memórias e discursos e outras formas de subjetivação social.

A subjetividade não é uma categoria mentalista. No entanto, é, sim, uma categoria que especifica uma posição ontológica frente à definição da psique, ontologia que não é existencialista, naturalista, individualista, estática, nem intrapsíquica e sim configuradora de um sistema que integra, embora em processos de desenvolvimento diferenciados e contraditórios, o homem e a cultura. E que, na verdade, define o desenvolvimento psíquico como inseparável da cultura. Essa é também uma posição dialógica, discursiva e socialmente produzida, mas que tem como unidade teórica essencial a categoria de sentido. Essa categoria não se esgota em sua dimensão simbólica. Ao contrário, ela integra processos emocionais dentro de configurações psíquicas complexas que, embora envolvidas de forma permanente com as ações do sujeito, expressam uma organização histórica de sentido que marca a especificidade singular dessa produção com o contexto onde essas ações ocorrem.

A categoria de sentido sempre está associada ao sujeito, em suas posições, em suas tensões e nas consequências de suas ações e relações nos diferentes espaços sociais em que se movimenta. Portanto, o sentido sempre transita pelo singular e se produz no singular. Não há sentido universal, pois todo sentido subjetivo tem a marca da história de seu protagonista. Podemos dizer que há um sujeito quando há produção de sentido, quando há diferenciação e singularidade. Sem isso, o sujeito fica anulado por determinações objetivas externas.

A subjetividade representa um tipo diferente de fenômeno com relação a outros que também são socialmente produzidos mas que expressam definições ontológicas diferentes. Assim, por exemplo, um meio é agressivo não porque os sujeitos que vivem nele se sintam agredidos, ou tenham consciência da agressão, e sim pelo tipo de emoções que produz sobre o sujeito, que são vivenciadas como indefensabilidade, arbitrariedade, injustiça, falta de reconhecimento e de afeto, humilhação e outras que, em sua integração, são responsáveis pela constituição de um sentido subjetivo. Esse sentido subjetivo pode ter, entre suas várias formas de expressão, um comportamento agressivo ou até mesmo a submissão. Por essa razão é que a produção de sentidos é tão dinâmica e oculta. No entanto, a própria pessoa submissa, quando há uma mudança da condição de poder daquela pessoa ou daquelas pessoas às quais ela esteve subordinada em uma relação de submissão, pode se tornar profundamente violenta.

A produção de sentidos subjetivos ultrapassa a capacidade imediata de conscientização da pessoa e as emoções imediatas que atuam como causas concretas. O processo de configuração de um sentido subjetivo é um processo histórico, mediato, em que a expressão comportamental é o resultado de uma longa evolução de elementos diferentes. Esses elementos vão se constituindo como sentido subjetivo só em sua relação necessária com outros elementos que aparecem na delimitação de uma zona da experiência do sujeito através de sua história pessoal. O cenário da produção de sentidos é o sujeito em seu caráter diferenciado e em sua ação, em sua integração inseparável com a personalidade que o constitui. No entanto, essa personalidade não é uma abstração despersonalizada, e sim a configuração histórica de sentidos de um sujeito particular.

Assim, por exemplo, o comportamento atento de uma mãe com relação a seus filhos pode provocar emoções de aceitação, carinho, reconhecimento e felicidade no filho favorito, e emoções completamente diferentes, de hipocrisia, formalismo, invasão de privacidade e outras, naquele filho que se sente em uma posição secundária com relação ao outro. Todas essas reações não dependerão da verdadeira intenção da mãe que, ao atuar, pode estar estimulada por sua necessidade de ser justa e igualitária com ambos e de não deixar evidências de suas preferências reais. Apesar disso, essas preferências podem ser sentidas e configuradas de forma inconsciente, inacessíveis em um primeiro momento aos protagonistas desse espaço de relação. Essas tramas ocultas de sentido que atravessam os processos de relação são responsáveis pela produção de sentido dos protagonistas nesses espaços de relação.

Exemplos disso são aqueles atos extremamente brutais e profundamente "irracionais" cada vez mais frequentes neste mundo mais agitado e competitivo, onde a intimidade tem cada vez menos espaço e é substituída por espaços públicos que, progressivamente, vão sendo cada vez mais invasivos da vida cotidiana das pessoas. Esse é o caso, por exemplo, da matança de Columbine nos Estados Unidos, onde dois adolescentes mataram, de forma indiscriminada, um grupo de colegas e logo após se suicidaram. O conceito de morte compartilhado por alguns desses jovens, que pouco depois do fato conversaram com repórteres e psicólogos, e também sua posição com relação ao mundo, nos indica um processo oculto de produção de subjetividade dentro desses espaços escolares que, longe de revelar a inadequação da subjetividade individual daqueles que perpetraram o crime, nos revela a configuração de processos extraordinariamente complexos de configuração da subjetividade social. Se não forem estudados e modificados, esses processos continuarão a provocar eventos semelhantes. E o farão através de subjetividades individuais que se transformam no ponto mais sensível desses espaços sociais pela convergência em algumas delas de um conjunto de fatores sobre os quais temos o dever de gerar conhecimento através das ciências sociais. Esse compromisso com o conhecimento e mudança de uma realidade social que o construcionismo desestima é outro ponto forte de diferença entre a posição que defendemos e o construcionismo social.

As ideias desenvolvidas até aqui nos mostraram a relação necessária da subjetividade social e individual como processos de origem similar, mas que expressam histórias diferentes, constituindo assim uma fonte de contradição do desenvolvimento humano. Nenhum sistema na história da humanidade foi capaz de neutralizar os sujeitos individuais, por mais que se tenha investido no processo de sua domesticação. Essa capacidade subversiva da ordem estabelecida é precisamente a que reivindica o valor da subjetividade para uma psicologia crítica e da liberação.

A ordem dos aspectos sociais objetivos é controlada e organizada de tal forma a reduzir toda a capacidade geradora individual. No entanto, a capacidade subjetiva diferenciada dos sujeitos faz com que surjam processos de resistência em situações que, por seu caráter objetivo, fariam com que tais subversões da ordem estabelecida fossem inimagináveis. E é graças a essas subversões que a sociedade segue seu movimento por cima daquelas personalidades que, em diferentes momentos da história, quiseram provocar seu fim, gerando verdades absolutas e universais associadas a suas pessoas e aos projetos que apresentam "em nome de todos".

3.2. A subjetividade social e a subjetividade individual: impacto sobre a psicologia social

O objetivo dessa divisão, apresentada e desenvolvida por mim em 1993, não é indicar que a subjetividade individual seja inerente ao indivíduo e que exista outra subjetividade que é social. Creio que as pessoas que acompanharam meu trabalho não podem cometer esse erro, pois sempre enfatizei que a subjetividade é um sistema complexo que tem dois espaços de constituição permanente e inter-relacionada: o individual e o social, que se constituem de forma recíproca e, ao mesmo tempo, cada um está constituído pelo outro. Dessa forma, rompe-se definitivamente com a ideia de um indivíduo isolado, naturalizado. A concepção histórico-social do indivíduo é aquela que o reconhece como subjetivamente constituído, na medida em que essa condição rompe com sua definição natural e, ao mesmo tempo, não o dilui em uma determinação social linear e imediata. Nessa determinação é impossível distinguir entre os processos de ordem social, nos quais se produz a ação individual e os processos psíquicos individuais que são constituintes dessa ação.

A subjetividade individual indica processos e formas de organização da subjetividade que ocorrem nas histórias diferenciadas dos sujeitos individuais. Portanto, ela delimita um espaço de subjetivação que contradiz e de forma permanente se confronta com os espaços sociais de subjetivação. O processo de produção de sentidos subjetivos do sujeito individual não reproduz nenhuma lógica externa ao sistema individual no qual esses sentidos são produzidos. Uma das forças essenciais para o desenvolvimento de ambos os níveis é precisamente a tensão que se produz entre esses dois espaços de subjetivação.

Em geral, a psicologia social não incluiu nem as questões da subjetividade individual nem tampouco o próprio sujeito. No entanto, nos primórdios a psicologia social crítica na América Latina por suas definições é hoje reconhecida por muitos como psicologia da libertação, termo introduzido por Martín Baró. Esse, que viu claramente a necessidade de integrar o tema do individual à psicologia social, disse o seguinte a esse respeito (1991):

> A psicologia política pretende uma reconstrução do objeto da psicologia devolvendo ao ser humano sua sociedade e sua história, ou seja, fazendo com que ele recupere sua existência pessoal social. Isso requer, antes de tudo, o ser humano em sua exterioridade e sua interioridade. O ser humano é uma realidade objetiva no âmbito de uma sociedade e, portanto, objeto e sujeito nas circunstâncias, produto e produtor de umas condições materiais, interlocutor e referente de umas relações sociais. Mas o ser humano também é uma realidade subjetiva, gerador de uma perspectiva e de uma atividade e, portanto, produtor de uma história pessoal e social e produtor de uma vivência (p. 47).

A condição subjetiva, geradora, participativa do sujeito individual, e a necessidade de integrá-lo aos processos sociais que constitui e nos quais se constitui na multiplicidade de caminhos possíveis da produção de sentidos subjetivos, foi reconhecida por Martín Baró em inúmeros espaços de sua obra. O homem latino-americano está tão marcado pelas condições objetivas em que vive, que é impossível ignorar essas duas condições: a do indivíduo e a dos elementos objetivos que se organizam nos espaços sociais em que ele vive, os quais constituem momentos objetivos implicados de múltiplas maneiras nos processos de subjetivação, sociais e individuais, que configuram os espaços da vida social.

Na citação apresentada, Martín Baró enfatiza precisamente uns dos aspectos psíquicos mais negligenciados pelo desenvolvimento teórico da psicologia social: a vivência, que é inseparável do sentido subjetivo. A psicologia social como tendência ignorou os processos emocionais, identificando-os e subordinando-os aos simbólicos. Ou então "sociologizou" a explicação das emoções, esquecendo que seu sentido subjetivo é inseparável do funcionamento da subjetividade individual, que, segundo Martín Baró, é onde se expressa a "história pessoal social" do sujeito. O histórico pessoal é precisamente o ponto que serve de limite entre a subjetividade individual e a social, na medida em que o histórico mencionado, na subjetividade individual, refere-se à história impossível de se repetir, de um sujeito concreto, que passou por uma determinada experiência social de uma maneira única, e que, portanto, na especificidade de seus processos de subjetivação, nos permite opções de interpretação sobre o contexto social que as experiências coletivas dos indivíduos que compartilharam esse espaço social muitas vezes não nos permitem.

Ainda temos que romper, na psicologia social, o preconceito positivista das amostras significativas como único meio de produzir afirmações sobre um processo social. Isso nos leva a uma coletivização metodológica artificial, que termina reproduzindo por ordem indutiva aquilo que é estatisticamente significativo nas expressões dos sujeitos estudados, e abandonando a singularidade do processo de construção do conhecimento. Foi por esse motivo que, em nossa definição da epistemologia qualitativa (1997), reivindicamos a importância do singular como fonte de produção do conhecimento.

O conceito de subjetividade, a partir da definição que lhe atribuímos e sobre a qual vimos trabalhando nos últimos anos, em uma série de publicações fortemente articuladas entre si (1993; 1995; 1997; 1999; 2002), nos permite um conjunto de rupturas com a psicologia tradicional, nas que se revela seu caráter profundamente subversivo com relação à institucionalização do conhecimento psicológico. Entre essas rupturas estão as seguintes:

- Rompe com a ideia de determinismo linear de outros sistemas sobre a psique. A produção de sentidos não está linearmente definida, nem do ponto de vista de uma organização biológica, nem social, nem de entidades mentais coisificadas, como os traços. A produção de sentidos está configurada sobre a base de elementos de procedência muito variada, que se articulam entre si como elementos de sentido no espaço sensível de uma configuração subjetiva em desenvolvimento. Nenhum evento adquire sentido isoladamente por sua condição objetiva. Toda produção de sentido produz-se na moldura de uma configuração que tem uma história e na qual o novo evento surge no processo de desenvolvimento de uma configuração subjetiva e só adquire sentido subjetivo como momento desse desenvolvimento. Assim, por exemplo, quando um professor ridiculariza um aluno na sala de aula, a produção de sentidos subjetivos dessa criança diante dessa experiência pode estar associada a sua condição racial, intelectual, pessoal, de procedência socioeconômica ou a todas elas em conjunto, dependendo da história da criança em questão.

- Rompe com o caráter naturalista e estático que dominou o pensamento psicológico, assim como com o mentalismo associado a algumas das taxonomias dominantes na psicologia. Dessa perspectiva não existem traços psicológicos inerentes aos sujeitos de forma universal. Toda expressão psicológica é uma produção de sentido associada a uma configuração pessoal que tem uma história e um contexto social que se configura de uma forma determinada diante da ação concreta de um sujeito, e que também tem uma história na vida desse sujeito. Assim, como já tínhamos analisado na primeira seção deste capítulo, a agressividade, a depressão, ou quaisquer das entidades tradicionais que a psicologia define para explicar estados individuais, representam produções de sentido complexas, nas quais o histórico e o atual se integram e se confrontam de maneiras diferentes nos espaços de subjetividade individual e social.

- Rompe com o racionalismo que dominou as representações dominantes da psicologia, inclusive aquele que chamei de racionalismo semiótico (2002) que, na verdade, pressupõe uma certa ordem racional à produção de emoções, ao fazer com que elas dependam da mediação de sinais que estão organizados em códigos produzidos socialmente e que, de certo modo, sempre representam uma produção racional. A produção de sentidos não segue nenhuma lógica nem racionalidade externa à configuração de sentidos em que se produz. Essa configuração subjetiva tem que ser descoberta de forma singular, tanto nos espaços sociais como nos individuais, e só a partir daí progredir para construções mais abrangentes que nos permitam estabelecer níveis de generalização diante de fenômenos tão complexos. Daí a ênfase na natureza construtivo-interpretativa da construção de conhecimentos que especificamos em nossa proposta de epistemologia qualitativa.

- Rompe com o individualismo e o sociologismo que se alternaram nas representações sobre a psique dominantes na psicologia. A subjetividade, como vimos através da dialética complexa entre a subjetividade individual e a social, representa um tipo de fenômeno que não é redutível nem ao individual, nem ao social em abstrato. A subjetividade é social e historicamente configurada, tanto em cenários sociais, como individuais, mas representa um tipo de processo diferente de outros que se inscrevem em ambos: a produção de sentidos que não se restringe nem a uma delimitação social, nem a uma individual, constituindo as duas dentro de um mesmo sistema. A ordem subjetiva representa uma forma de expressão diferenciada tanto dos processos sociais como dos individuais.

- A subjetividade é uma produção histórica e contextualmente situada, que rompe com toda invariante universal em sua definição. A especificidade da cultura diferencia os processos de sentido que configuram os eventos e os processos vividos pelas pessoas e pelas sociedades. A aspiração a verdades universais fora de contexto, estáticas no tempo, representa a antítese da produção de sentido. Os sentidos não se detêm, e se produzem de maneira diferenciada em cada nova geração, ou nos momentos diferentes que caracterizam o desenvolvimento de uma mesma geração. A história nunca para, apesar das ilusões humanas de que irão controlá-la e de que ela irá chegar a seu fim.

A subjetividade social e a individual são momentos diferentes de um mesmo sistema. Ambas as instâncias da subjetividade são sistemas processuais em desenvolvimento permanente que se expressam através dos sujeitos concretos que se posicionam ativamente no curso desse desenvolvimento. A subjetividade não é um sistema abstrato e impessoal. Ao contrário seu sistema é formado por sujeitos concretos e ela se constitui nesses sujeitos e eles, por sua vez, vão influenciando constantemente sua trajetória e se configuram subjetivamente através de sua ação nos vários espaços da vida social. A subjetividade individual permite a produção de posições específicas, singulares, diante dos diferentes espaços da subjetividade social. Isso representa um processo permanente que tomará formas diferentes de acordo com as estruturas de poder e das formas de funcionamento que caracterizam esses espaços sociais.

O conceito de subjetividade social, desde sua definição (González Rey, 1993), teve como objetivo explicar a complexidade sistêmica do funcionamento dos vários espaços sociais, tentando superar a forma fragmentada e isolada com que a psicologia tratava alguns desses espaços, sem considerar a sua integração necessária dentro de processos e formas de organização mais holísticas e que abrangessem a sociedade como um todo. Um exemplo disso é a maneira como a família foi se integrando como objeto de estudo da psicologia, como se fosse um sistema fechado em sua própria rede de relações, a partir do qual se desenvolveram sistemas de terapia e de ação familiar que ignoraram completamente os inúmeros sentidos subjetivos socialmente produzidos que se integravam nos processos familiares.

O isolamento dos vários campos da psicologia diante da ausência de um referente macroteórico que permita construções cada vez mais abrangentes e capazes de gerar visibilidade sobre os processos e formas de organização que atuam por trás desses sistemas parciais é o que causou a proliferação de campos aplicados estanques, diferentes até nas linguagens que caracterizavam a produção de conhecimentos em cada um deles. Isso impediu que os conhecimentos produzidos fossem significativos para áreas diferentes do saber psicológico e contribuíssem para o desenvolvimento de uma teoria psicológica geral que tivesse como resultado o surgimento de novos desafios para os campos aplicados.

A teoria da subjetividade, à contra mão das tendências pós-modernas orientadas para as construções parciais e contextuais, que enfatizam o processual em detrimento das formas de organização dos sistemas, orienta-se para o desenvolvimento de uma macroteoria capaz de incluir uma teoria psicológica geral em que se articulem problemas que se foram desenvolvendo de forma parcial e fragmentada, como a questão das emoções, da motivação, da personalidade e muitas outras. E, ao mesmo tempo, uma teoria psicológica geral que permita construções teóricas sobre problemas que estiveram ausentes da teoria psicológica, tais como a subjetividade social, os aspectos subjetivos dos movimentos sociais e políticos etc., através de linhas de trabalho que, longe de serem excludentes, complementem-se entre si.

Definimos a subjetividade social como:

> [...] o sistema integral de configurações subjetivas (grupais ou individuais) que se articulam nos vários níveis da vida social, envolvendo-se de maneira diferenciada nas várias instituições, grupos e formações de uma sociedade concreta. Essas formas tão dessemelhantes guardam relações complexas entre si e com o sistema de determinantes de cada sociedade concreta, aspec-

tos que devem ser integrados e explicados pela psicologia social (1993: 141).

Com essa definição eu queria enfatizar a necessidade de que a psicologia social se orientasse para a produção de conhecimento sobre as configurações subjetivas que caracterizavam a sociedade e seus vários espaços concretos. A meu ver, esses espaços mantinham uma íntima relação entre si, através de elementos de sentido que não ficam evidentes diretamente em nenhum comportamento social específico.

Considero como tarefa essencial da psicologia social a possibilidade de modelar sistemas de produção de sentidos subjetivos que escapam às evidências e que expressam a maneira como uma sociedade afeta as pessoas que a integram, assim como os diferentes espaços particulares de subjetividade social Um espaço social não é independente, integra-se como elemento de sentido na configuração subjetiva de outros espaços e expressa elementos subjetivos do funcionamento da sociedade em que se constitui. O estudo das instituições, comunidades e formas de comportamento em uma sociedade concreta representa um fórum privilegiado para o conhecimento da subjetividade social como sistema. A professora de uma escola e o médico de um hospital são, por sua vez, cidadãos de uma sociedade e em suas expressões e comportamentos aparecem elementos que nos permitem fazer leituras sociais. Ou seja, nas narrações socialmente produzidas em certos espaços sociais não só temos uma produção simbólica contextual como também uma produção de sentidos que é muito mais profunda e nos revela elementos da sociedade em sua organização atual.

A partir dessa representação da subjetividade social, torna-se imprescindível para a psicologia social começar a trabalhar com espaços que até o momento, diante da hegemonia de uma visão fragmentada de objeto, foram totalmente desprezados como a saúde, a escola, as prisões, enfim, as mais diversas instituições de uma sociedade concreta. Todos os espaços de produção social são cenários para o estudo da subjetividade social.

A subjetividade social representa, talvez, o elemento mais maleável da constituição do social. Ela permite a existência de movimentos de ajuste no comportamento social diante das situações mais diversas, desde as guerras até as catástrofes. Cada época vai gerando novas formas de expressão da subjetividade social em todas as esferas da vida. Hoje, tendo superado o longo período da guerra fria, vemos a proliferação de novas formas de ação que colocam a paz mundial em um risco ainda maior. Com efeito, a paz mundial tem um aspecto ideológico muito conflitante, que caracteriza precisamente sua natureza subjetiva: é uma paz sustentada das posições e dos princípios dos centros de poder mundial.

É preciso que hajam sempre centros de equilíbrio na vida social e creio que esses centros sempre vão ter poder. O problema é como buscar fórmulas participativas em nível institucional que permitam conciliar as diferenças, conservando a paz. Esse objetivo, que inspirou a criação da ONU no final da segunda Guerra Mundial, foi impossível de alcançar, creio que, entre outras coisas, pela incapacidade de reconhecer o aspecto subjetivo dos grupos humanos. Isso teve como resultado visões hegemônicas, de caráter universal, sobre aquilo que é melhor e mais justo para todos, o que entra em franca contradição com o caráter subjetivo do homem e da cultura.

3.3. A emergência do sujeito e sua relevância para a psicologia social

3.3.1. Os fundamentos de uma nova definição de sujeito

A ideia da subjetividade social é associada a uma definição de sociedade como sistema, cujos vários processos, macro e micro, não são casuais. Pelo contrário esses processos guardam uma interdependência entre si que, por sua vez, leva a uma interdependência entre a organização macroestrutural e infraestrutural de uma sociedade e sua organização subjetiva. No entanto, a organização subjetiva de uma sociedade, sua subjetividade social, não é um reflexo de nenhum de seus sistemas constituintes, e sim uma produção que se nutre de todos os sistemas, processos e fatos que são parte daquela sociedade. Esses se constituem em nível subjetivo como sentidos, modificando sua qualidade original com relação ao sistema de referência de que fazem parte e passando, na condição de sentido subjetivo, a ser parte da subjetividade social e da subjetividade individual dos sujeitos que atuam nos espaços dessa subjetividade social. Os vários sistemas de uma sociedade estão constituídos como sentidos subjetivos e, como tais, estão associados a todas as atividades que se produzem na sociedade.

A subjetividade constitui um sistema humano de diferenciação que não é domesticado por nenhum outro sistema socialmente produzido, o que encontra sua expressão máxima na categoria de sujeito. O sujeito representa a possibilidade de particularização dentro dos processos normativos de toda a sociedade e, nesse sentido, está associado ao caráter processual e à tensão que caracterizam a vida social, marcando um processo suscetível de mudanças permanentes e inesperadas, e não um sistema submetido a leis supraindividuais que decidem o destino da história.

O sujeito se exerce na legitimidade de seu pensamento, de sua reflexão e das decisões por ele tomadas. Por elas, ele entra na dinâmica complexa da vida social. O indivíduo em sua vida social tem duas opções: subordinar-se às várias ordens que caracterizam a institucionalização dos espaços em que se desenvolve, ou gerar alternativas que lhe permitam opções singulares dentro de sua socialização nesses espaços. A história foi mais na primeira direção, direção que, na verdade, é dominante até hoje, apesar da emergência da crítica pós-estruturalista e pós-moderna. Embora essa crítica seja acessível somente a certas camadas intelectuais, ela conseguiu infiltrar suficientemente o processo de formação das representações sociais que estão à base dos espaços simbólicos que caracterizam as sociedades atuais.

A legitimidade do sujeito foi negada no decorrer da história, em nome de vários sistemas ou causas transcendentais. O que imperou foi uma representação que privilegiou por muito tempo a separação sistema-ator (Touraine, 2002) na qual o ator era simplesmente um protagonista que atuava através dos imperativos do funcionamento de um sistema que o determinava. Como diz A. Touraine (2002): "Poder dizer 'eu' se transforma na maneira principal de contra-arrestar a pressão do social sobre o ator" (p. 95). Esse "eu" envolve necessariamente a integração do singular no curso do social, e coloca as diferentes instâncias da organização social diante da necessidade de que sejam instâncias de diálogo, de que sua normatividade surja do diálogo e não da lógica dominante de grupos de poder. Essa ênfase no caráter dialógico das instituições e dos espaços sociais transforma-se assim em uma maneira de garantir o desenvolvimento simultâneo do sujeito e da sociedade; de uma sociedade participativa e de um sujeito socialmente envolvido, algo que nunca ocorre nos casos em que o sujeito, para ser socialmente aceito, tem que se negar a ser, o que é típico das formas totalitárias de funcionamento social.

A evolução do conceito de sociedade passou da visão que se tinha dela como resultado de uma gestão divina que institucionalizava uma ordem universal de base religiosa a uma representação que reificava uma certa ordem social como natural. Essa ordem se desenvolveria a partir da hegemonia de um modo econômico burguês que é acompanhado pelo desenvolvimento de uma ideologia que capitaliza uma visão do mundo e uma produção cultural. Marx rompe com essa reificação e mostra os processos ocultos do funcionamento do modo econômico orientado para a ganância e para a acumulação. No entanto, Marx não consegue transcender, na visão alternativa da história que nos apresenta, o racionalismo da época, e nos apresenta a sociedade como um sistema submetido a leis que definem a evolução progressiva da história – em uma representação que não deixa espaço para o sujeito nessa produção. O sujeito está guiado por leis que ultrapassam suas possibilidades de ação. Essa visão de sociedade como um sistema regulado por leis diferentes daquelas que regulam a psique do indivíduo manteve uma visão transcendente do social, na qual a transcendência saiu do reino divino e se instalou no terrestre, como fica claro nos momentos supremos em que Hegel e Marx colocaram o travão da história. A visão dialética da história que nos lega Marx termina sendo inconsistente com a dialética que o próprio Marx recupera do finalismo da ideia absoluta hegeliana.

A filosofia moderna gera uma representação de sociedade que é adotada em aspectos mais gerais pelas várias ciências sociais. Nela a sociedade aparece como um sistema em si, cujos destinos estão regidos por formas infraestruturais de organização que são, em última instância, as que definem a ordem social. Essa visão da sociedade traz consigo o caráter transcendente da definição do homem e sociedade fundada pela religião, em que ambos eram produto de forças sobrenaturais que não podiam ser atingidas pela ação humana, que, por sua vez, deveria subordinar-se ao reino de Deus. No caso da visão que nos lega o marxismo, o homem deve se subordinar às leis gerais de um reino terrestre, mas que mantém a evolução da sociedade governada por forças macro, diante das quais o indivíduo é muito mais um agente do que um sujeito.

A visão marxista, no entanto, foi de um extraordinário valor histórico e conserva esse valor até hoje, porque foi capaz de descobrir as relações ocultas entre uma ordem econômica e as formas jurídicas, políticas e sociais que se institucionalizavam em nível social. Não há dúvida de que essa visão configura um sistema que, antes de Marx, era apresentado como uma ordem natural e com relação ao qual Marx nos traz uma representação que evidencia a organização desse sistema ao redor de formas dominantes de um modo de produção. Ao fazê-lo, representou pela primeira vez uma configuração teórica da ordem social que se foi transformando, depois de Marx, em um determinismo economicista sobre a representação da sociedade.

No entanto, junto com sua visão de uma ordem social macro que, a meu ver, continua a ser legítima, Marx também viu que a história tinha agentes ativos, cuja ação era o caminho para a mudança social e, nesse sentido, desenvolveu sua concepção da luta de classes. O conceito de classe representa, a meu ver, uma primeira contribuição interessante para o desenvolvimento do conceito de sujeito social. Só que, para Marx, o que impulsionava a ação de uma classe era sua posição com relação ao processo produtivo, enquanto que a história nos mostra que os sujeitos sociais se configuram subjetivamente em determinados momentos históricos, sem excluir a participação do econômico nesses processos de subjetivação, mas também não considerando o econômico como determinante privilegiado nem último. A constituição dos sujeitos sociais é um processo que integra de várias formas elementos da subjetividade social e individual e não o processo objetivamente justificado que o marxismo tentou visualizar através da luta de classes. Por isso é que, na história das revoluções do século XX inspiradas pelo marxismo, nenhuma se baseou na visão marxista centrada na classe operária.

Creio que não se trata de definir um poder absoluto da infraestrutura econômica sobre as diferentes formas de subjetivação e produção social. Trata-se apenas de reconhecer as complexas configurações que integram esses fatores e de buscar, na produção teórica, zonas de inteligibilidade sobre processos tão complexos. Nesse sentido, Marx foi um precursor das teorias da complexidade no campo do pensamento social, pois foi capaz de afirmar que eram interdependentes dimensões que, antes de sua obra, eram vistas como independentes. Seu trabalho não esgotou o problema da sociedade, mas contribuiu para analisá-lo da perspectiva em que hoje estamos situados. Temos que habituar-nos ao fato de que a abordagem da complexidade é uma busca sem fim (Najmanovich, 2001), é a imersão do conhecimento em um processo infinito, onde toda afirmação tem caráter histórico, mas que o processo em si mesmo, em seu conjunto e complexidade, é um produtor permanente de novas representações que abrem novos domínios, relativamente estáveis, ao conhecimento humano.

Como se pode verificar em todo este livro, meu trabalho tem uma forte influência marxista no sentido de defender uma definição ontológica da subjetividade que se articula com todos os aspectos que caracterizam a vida das pessoas. No entanto, nesta seção, darei ênfase ao papel do sujeito em sua natureza processual, em seus direitos e em sua capacidade de ruptura, tendência que caracteriza muitos de meus trabalhos anteriores (1989; 1993; 1995; 1997; 1999; 2000). É interessante que, no desenvolvimento desse tema, encontrei maior afinidade com os trabalhos do sociólogo francês A. Touraine, portanto, dentro da sociologia e não na psicologia.

Coincido com Touraine quando esse observa que (2002):

> O ator é cada vez menos social, se rege cada vez mais pelo ideal de si mesmo, embora não exista senão no interior de situações sociais. Já não se trata de opor um princípio superior aos imperativos da vida social, pois esses se tornaram ao mesmo tempo mais móveis e mais diversificados, dando assim mais espaço ao indivíduo. O sujeito histórico e religioso foi substituído pelo cidadão e depois pelo trabalhador; hoje já não há lugar para o universalismo abstrato (p. 11).

Esse espaço que, segundo Touraine, deixa a sociedade atual para que o indivíduo se transforme em sujeito de sua própria ação, ainda está muito distante de muitos países do mundo. Nesses, o indivíduo ainda se afoga em uma condição de sobrevivência que o ata de forma desesperada a uma realidade onde a condição de sujeito é muito difícil de ser alcançada.

Um exemplo do que foi dito acima, seriam as guerras na África, que têm um recorde de uso de crianças como combatentes. Os combatentes são recrutados à força em suas aldeias natais e levados para milhares de quilômetros de distância, onde são alistados para lutar sem qualquer outra opção que não seja a de lutar para sobreviver. As guerras entre bandos se dão através de um individualismo de subsistência para milhares dos soldados que delas participam, o que gera, em um nível psicológico, rituais, mitos e dependências que mantêm o sentido da vida associado a uma ordem divina, diante de uma ordem cotidiana que não tem sentido. O mesmo tipo de coisa pode ser observado entre as crianças que percorrem as ruas da América Latina com seus rituais místicos que são uma expressão de processos de subjetivação marcados pela incerteza e pelo medo.

No entanto, o que, sim, também é verdade, é que a evolução do pensamento político-social nos permite hoje uma crítica aos processos de despersonalização associados a certas formas de ordem social. Essa crítica permite que resgatemos a categoria sujeito em um sentido psicológico, sociológico, político, ético e moral, o que faz dessa categoria um referencial inevitável para a psicologia social. Considero o sujeito – como considero a subjetividade – tanto em nível social como em nível individual, como aquele indivíduo ou grupo que legitima seu valor, que é capaz de gerar ações singulares e que mantém sua identidade através dos vários espaços de contradições e confrontações que necessariamente caracterizam a vida social.

É impossível pensar a subjetividade a partir de uma perspectiva histórico-cultural separada do sujeito, pois, como ocorre com relação à sociedade, o sujeito representa o momento vivo do processo de subjetivação. A recuperação dos conceitos de atividade e de ação para a construção do pensamento psicológico só tem sentido se os virmos associados ao sujeito desses processos. É nele e em seus processos de socialização que toda ação vai adquirir sentido subjetivo. O sujeito está subjetivamente configurado e, por sua vez, é um produtor permanente de novos processos de subjetivação que se expressam de forma simultânea em nível social e individual, embora uma mesma ação tenha sentidos diferentes para ambos os níveis.

Reconhecer a capacidade de tensão e ruptura do sujeito individual não significa libertá-lo de seu caráter social em seu papel de sujeito subjetivado. Pois seu caráter subjetivo, embora se desenvolva em vários campos de ação, se expressa como processo permanente que entra em contradição com a estabilidade relativa que resulta de sua configuração histórica. O social aparece subjetivado, singularizado e deformado nessa história subjetiva, mas sempre aparece. Com relação a isso, e de uma perspectiva marxista crítica, com a define M.A. Tovar para qualificar esse movimento, que integra em sua complexidade o individual e o social na psicologia social cubana, a própria autora escreve (2001):

> Esse processo relacional do qual se participa assume um sentido psicológico para os sujeitos da relação. Só quando enfatizamos esse sentido psicológico (González Rey, 1989), essa dimensão subjetiva – por sua vez objetivamente determinada – dessas relações, nos estamos aproximando da delimitação do verdadeiro campo disciplinar da psicologia social (p. 91).

E, com total claridade na delimitação desse espaço da psicologia social, diz mais adiante:

> Dentro dela (refere-se ao que ela denomina perspectiva marxista crítica nas ciências sociais cubanas, definição que compartilho) reconhecemos categorias como as de atividade e comunicação, entendemos de outra forma a relação entre o sujeito e suas determinações, valorizamos uma vez mais a biografia e, finalmente, retomamos os diversos atores sociais, seus discursos e suas práticas, nenhuma dessas dominante ou excludente (p. 93).

Essa perspectiva de uma psicologia social crítica com uma forte referência ao marxismo representa uma tendência importante no desenvolvimento da psicologia social latino-americana, particularmente em Cuba e no Brasil, país onde essa perspectiva está representada pelo núcleo de psicologia social da PUC de São Paulo, fundado e inspirado pelos trabalhos da professora S. Lane e que hoje mantém uma atividade fecunda nos trabalhos de S. Sawaia, A. Ciampa, S. Ozella, A. Bock, W. Junqueira, O. Furtado, entre outros. É interessante essa coincidência histórica que me permitiu ter o privilégio de participar dos dois cenários.

No entanto, a importância do sujeito nem sempre foi bem compreendida pelos autores que compartilham essa perspectiva, tanto na América Latina como fora dela, já que, de uma perspectiva ideológica, a categoria sujeito esteve sempre associada com um individualismo a que o marxismo se opõe. Apesar disso, a institucionalização desse marxismo "anti-individualista" foi, em grande parte, responsável por outro tipo de individualismo que aparece oculto em discursos messiânicos e libertadores. Esse é o individualismo das elites fechadas e autoritárias que, do poder, com grandes conquistas sociais (União Soviética e Cuba) ou sem elas (Romênia e Albânia), exercido em nome do marxismo, negaram totalmente o sujeito e controlaram e reprimiram o exercício da crítica, produzindo processos de subjetivação que negam os princípios que, em um dado momento, inspiraram a ação social renovadora. Esses processos estiveram à base da crise do socialismo de estado e não podem ser alheios à psicologia social, já que representam um cenário muito interessante para novas construções sobre os processos sociais e suas formas de organização.

Outro grande preconceito da tradição marxista institucionalizada tem a ver com a concepção materialista do homem e da sociedade, que criou grandes dificuldades para a compreensão do caráter ativo do sujeito e sua capacidade produtiva dentro dos cenários sociais. Nessa limitação, o materialismo não soube adotar a dialética e, às vezes, retrocede a níveis de um materialismo pré-marxista. Nele, a subjetividade fica presa a formas coisificadas de objetividade que, longe de reconhecerem a subjetividade no domínio do objetivo, como uma expressão do caráter contraditório e complexo da vida, terminam transformando o subjetivo em um epifenômeno de sistemas externos à subjetividade e ontologicamente diferentes dela.

O individualismo só tem uma conotação ética contrária ao social quando o sujeito discrimina ou é indiferente à sorte dos outros em geral ou de alguns outros. No entanto, um coletivismo verdadeiro, um trabalho de grupo eficiente só se consegue através de individualidades ricas, envolvidas em toda a riqueza de sua expressão com o trabalho de equipe. O culto aos líderes, ou, pior ainda, aos chefes, só consegue paralisar a riqueza do desenvolvimento do coletivo, riqueza que só pode ser assegurada através da diversidade de expressões contraditórias entre os participantes. É aqui que o sujeito se revela, em toda sua capacidade. Como isso é difícil de conseguir em nossa cultura atual, freqüentemente o sujeito só emerge na dissidência, e acaba sendo excluído por seus "erros" ou "infidelidade".

A emergência do sujeito e sua legitimidade como categoria das ciências sociais, nas quais foi adotado de uma forma completamente diferente daquela como era usado na modernidade, nos permite resgatar o valor do indivíduo e dos grupos na qualidade de protagonistas de momentos inseparáveis dos processos sociais em que estão envolvidos. Os processos sociais não são decididos teleologicamente por uma essência que se desenvolve à margem da ação de seus protagonistas. Isso foi um vestígio do racionalismo que fez com que algumas pessoas se sentissem donas do caminho da história por suas realizações contextuais em um momento histórico concreto. A história se realiza de forma permanente como processo, um processo que distende suas várias configurações atuais e cujo destino está intimamente associado com a ação de seus protagonistas em seus vários momentos críticos. Falo de momentos críticos porque, sem dúvida, a história não é sensível a modificações profundas a cada dia. Ao contrário, o que existem são momentos de convergência na ação de fenômenos múltiplos, que têm uma sensibilidade particular para a mudança histórica. Nesses momentos a ação dos protagonistas será essencial para o rumo que tomem os acontecimentos.

O sujeito individual está inseparavelmente ligado ao curso dos processos sociais por sua subjetividade, mas, por sua vez, dado o caráter singular dessa subjetividade, ele representa sempre uma opção de mudança através de sua ação particular, a que pode marcar o início de novos processos de subjetivação em nível da subjetividade social, como mostrou de forma permanente a história da humanidade.

O resgate da figura do sujeito é o oposto da sacralização do líder. O líder é uma figura contextual e histórica que, na medida em que se institucionaliza, substitui e reprime o direito de ação e participação do sujeito. A importância da ação social do sujeito não está no caráter "correto" ou "errado" de sua ação, e sim naquilo que essa representa em termos da dinâmica e do desenvolvimento dos processos sociais. A história não se guia pelo correto. Ela é guiada pela produção de novos cursos que representam alternativas viáveis e vantajosas nos seus vários momentos e essas alternativas não estão simplesmente prontas para serem adotadas; é preciso que sejam criadas pelos protagonistas. Ninguém está situado no lugar da verdade histórica, essa se constrói de forma permanente no curso que vão tomando as várias alternativas no jogo dos processos sociais.

Como indica Touraine (2002):

> O ser humano se constrói a si mesmo e se é destruído, ou se deixa destruir, é por renunciar a si mesmo, por covardia, por abandonar-se à ordem das coisas, por autodestruição (p. 101).

Portanto, o sujeito sempre se assume com posições próprias nos vários espaços sociais que enfrenta. A negação do pensar e do atuar diante do estabelecido é a negação do sujeito.

3.3.2. A importância do sujeito para a psicologia social: a caminho da criação de uma nova visão do social.

Da perspectiva que vimos discutindo, a psicologia rompe completamente com as reificações mentalistas de entidades, assim como com a substituição da psique por outros sistemas simbólicos, como se expressa na intenção de identificar todos os processos psicológicos de ordem discursiva ou de ordem semiótica. Da posição em que estamos falando, reconhecemos que a narrativa, o discurso e os processos semióticos são formas de constituição e expressão da subjetividade humana que chegam a ter formas particulares de organização. Sem se separar dos processos de produção de sentidos, eles podem ter um caráter constituinte com relação a esses últimos, já que estão constituídos por eles. O sentido subjetivo é uma dimensão permanente de qualquer processo simbólico envolvido com as necessidades humanas. No entanto, a dimensão de sentido também nos permite definir a psique como um sistema constituído que tem uma história, história essa que se expressa em complexas configurações que representam as formas de organização do sistema.

A dimensão de sentido nos coloca diante de exigências teóricas, epistemológicas e metodológicas diferentes daquelas que caracterizaram a análise de discurso, a narrativa ou a psicologia discursiva. A subjetividade se constitui em um sistema aberto permanentemente envolvido com os vários contextos em que o homem vive. O sujeito representa o indivíduo subjetivado, produtor de sentidos através das configurações subjetivas que caracterizam sua personalidade, imerso de forma permanente em contextos nos quais atua e se expressa. Esses processos ocorrem na relação contraditória entre as várias necessidades do sujeito, que se definem por configurações subjetivas que entram em jogo em cada um dos espaços de sua ação; e também pelas novas necessidades derivadas do contexto em que atua.

Só o sujeito poderá decidir, dentro da complexidade de vivências e processos simbólicos produzidos nos cenários de sentido em que atua, o rumo de suas ações, as quais, desde o momento de sua decisão e durante todo o processo de sua consecução, se transformam em uma nova rota de produção de sentido. O sentido subjetivo dessas ações se expressa, entre outras coisas, na congruência e continuidade que o sujeito sente nelas e, por sua vez, entre elas e sua condição pessoal. Esse sentido subjetivo das ações humanas define a identidade. No curso desse processo são produzidas rupturas, mas se as mesmas não conseguem romper a identidade, o sujeito as experimentará como parte daquilo que conseguiu obter, como outro momento de sua vida, mas sem perder a congruência com os momentos anteriores. Ele as sentirá com uma sensação de familiaridade e não de estranheza.

As mudanças no desenvolvimento humano que ocorrem dentro de um processo gradual de produção de sentidos nunca provocam uma sensação de estranheza nem de exterioridade no sujeito. A identidade tem a ver com a mudança que aparece como resultado de uma seqüência de produção de sentidos que o sujeito adota como próprios. A ruptura que prejudica a identidade não se produz pelo caráter objetivo de uma experiência, e sim pela incapacidade que o sujeito terá de fazer sentido diante dela e considerá-la como uma experiência que lhe pertence, como uma experiência própria.

A interpretação anterior nos permite "de-substancializar" a noção de identidade e superar aquela representação dela como entidade, representação que domina alguma de suas definições teóricas. Como assinala Najmanovich (2001): "A noção de substância está fortemente associada à noção clássica de identidade. Ambas são estáticas e imutáveis" (p. 25). A identidade é uma dimensão subjetivada do sujeito que só aparece na confrontação com experiências novas que o ameaçam em sua possibilidade de identificá-las como próprias. Assim, por exemplo, a migração é uma forte experiência pessoal, que só pode ser vivenciada dentro de um processo de identidade pessoal quando o sujeito pode manter seu campo de produção de sentidos diante da nova condição de vida ou, ao contrário, gerar novos sentidos que o permitam reconhecer-se no novo espaço de vida assumido.

Em nossas investigações com sujeitos portadores de enfermidades crônicas pudemos constatar que uma das situações que mais dano produz ao paciente crônico é sua incapacidade de integrar a enfermidade a si mesmo. Ou seja, a enfermidade produz uma ruptura de identidade entre quem a pessoa era, quando saudável, e a atual, e isso faz com que a pessoa se refira permanentemente à pessoa anterior, pois não consegue produzir sentido ao redor de si mesma em sua condição atual. Nesses casos a enfermidade se mantém em uma dimensão de exterioridade que o sujeito não assume. Em outras pessoas, no entanto, o processo de subjetivação é completamente diferente; ao se sentirem enfermas há pessoas que adotam uma atitude de revisão crítica de suas vidas e colocam, em áreas da produção de sentido, zonas de experiência pessoal que tinham permanecido ocultas para elas próprias. Iniciam-se, assim, novos processos de subjetivação que com freqüência levam a profundas mudanças pessoais na luta pelo reconhecimento de si mesmas.

A identidade passa pela construção reflexiva do sujeito em espaços que têm sentido para ele. Portanto, é uma categoria necessariamente associada com o campo e os contextos de ação do sujeito, assim como sua capacidade de subjetivação. Com relação a enfermos crônicos, é possível identificar processos de natureza muito diversa para manter a identidade com relação à enfermidade. No entanto, a mais freqüente, ainda, é a perda de identidade. Para ela influi, entre outras coisas, a construção social de muitas dessas enfermidades que as associam com o fim da vida em todos os sentidos. No entanto, nas construções geradoras de sentido produzidas pelos sujeitos enfermos, que lhes servem de base para a conservação de sua identidade, temos desde posições religiosas até posições de ativismo social. Assim, A.G., 35 anos, paciente operada de câncer de mama, afirma:

> Nessa questão de aceitar, aceitar o que vem de bom ou de mau para a gente, creio que é importante pensar que o destino da gente é Deus que comanda; portanto aceite, escolha a melhor forma que você tem para enfrentar da melhor maneira possível o seu destino, o que vem na sua vida sempre tem alguma razão... e você tem que trabalhar isso da melhor maneira possível.

No caso mencionado, a enfermidade é parte dela através de Deus, de uma concepção de destino a qual ela atribui uma racionalidade que adota como própria. Isso lhe facilita manter-se inteira e atuar de forma a superar a enfermidade, e não a se ocultar com relação a ela. Em outros pacientes, no entanto, o sentido da religião toma outras formas, e as pessoas não entendem por que foram castigadas por Deus e isso lhes leva a um estado de depressão que lhes impede de assumir sua condição. Ao assumir-se como sujeito da enfermidade, o paciente assume também a responsabilidade por ela, sentindo-a como um processo necessário que estava dirigido a ele/ela ou como um processo que foi resultado de um tipo de vida. Com isso, ele enfrenta a enfermidade criticamente, em um processo que o leva a profundas transformações em sua vida pessoal.

No curso diferenciado da ação do sujeito em seus vários campos e diante de suas várias experiências, assim como na construção sobre esses acontecimentos e de sua própria autobiografia, produz-se uma história social diferenciada que nos põe em contato com o mundo social através de uma história pessoal. A psicologia social, ao estudar os processos sociais, deixando de fora seus protagonistas singulares, exclui também alternativas da trama viva do social, optando por informar-se através de instrumentos padronizados nos quais se perde a contribuição do sujeito por sua subordinação aos instrumentos do investigador. A produção de sentidos dos sujeitos individuais é uma via essencial para o estudo dos processos sociais em que esses estão implicados. O social se visualiza em sua significação para o homem através dos processos de produção de sentido na subjetividade social e individual.

Temos que deixar de ver o homem e a sociedade como resultados de condições objetivas e de formas racionais de organização. A sociedade é um sistema, assim também como a subjetividade é um sistema. No entanto, esses sistemas são sistemas abertos, e podem ser influenciados pelo curso da ação de seus protagonistas. Esses estão gerando, permanentemente, processos que se reorganizam e que produzem novas qualidades nos momentos mais inesperados, cuja complexidade deve ser compreendida pela psicologia social. Como disse A. Touraine (2002):

> Não há sociedade puramente "social" exceto as sociedades totalitárias, que destroem tudo. Mas durante muito tempo as socieda-

des estiveram limitadas de cima, por um universal religioso ou pelos universais da razão, da história, do espírito. Hoje, depois de Hiroshima, Auschwitz e o Gulag, tornou-se impossível recorrer à transcendência. Mas depois de um século em que estivemos encerrados na sociedade, descobrimos de mil maneiras a existência do não controlável, seja na sexualidade, seja na violência, seja descobrindo o sujeito como relação do ator – indivíduo ou grupo – consigo mesmo (p. 95).

Creio que o que Touraine tenta especificar são os processos irracionais que marcam o espaço social. Muitos deles, embora protagonizados por sujeitos individuais e, portanto, de natureza individual, são também sociais, como já foi dito antes, pois expressam a forma pela qual a história de uma experiência vivida se transformou em um sentido subjetivo que, a partir da ação individual, volta a objetivar uma situação social com suas consequentes repercussões coletivas. Não são mais os metaprincípios transcendentes que explicam a ordem social: a ordem social se forma através de uma produção de sentido extremamente diversificada, com zonas saudáveis e zonas patológicas, de acordo com a saúde do funcionamento social. A significação das ações micro realizadas por sujeitos individuais e/ou grupais, fora de qualquer institucionalização social, envolve a psicologia social necessariamente com o sujeito, um sujeito que retorna de forma permanente ao social através de suas ações.

Dessas considerações aparece uma nova maneira de considerar o social na qual o sujeito não é mais relegado a um segundo plano, nem colocado em uma posição secundária com relação a uma "ordem social". Se essa ordem não considerar a riqueza e a diversidade dos sujeitos que a constituem, como uma trama viva e produtora de sentido, corre o risco de se manter como definição transcendente que, em última instância, se expressa como forma de poder daquelas individualidades que organizam seus interesses e projeção político-pessoal ao redor dessa representação do social. Só o reconhecimento de que a sociedade é um sistema vivo, complexo, mas que se desenvolve sobre a base de seus protagonistas, nos leva a reavaliar o papel do sujeito no desenvolvimento social e a compreender a organização social como uma organização dialógica, participativa, em que o diálogo e a contradição expressam a melhor maneira de aproveitar o talento de todos.

Aceitar o que foi dito acima implica uma mudança radical em nossa visão do social. Na sociedade atual, como já comentamos, o indivíduo que chega a ser sujeito é normalmente identificado como dissidente e excluído. Uma sociedade diferente seria aquela que cresce no espaço das contradições, onde a diferença representasse um momento de tensão para a produção de alternativas que têm por trás a riqueza da participação coletiva e que se mantivessem sujeitas à influência coletiva. A sociedade que emerge dessas considerações é aquela que cresce nas diferenças e não a que impõe a unidade como condição de participação.

A ideia de sujeito estimula a articulação intradisciplinar necessária na psicologia, assim como a relação interdisciplinar, já que o sujeito não está preso a nenhum dos campos em que atua; ao contrário, atua em um campo através de processos de subjetivação que se constituem por sentidos subjetivos procedentes de outros. E, por essa razão, sua ação singular expressa, em toda sua extensão, sua condição social. Assim, nenhuma área da psicologia será excludente com relação às demais. Ao contrário, elas se complementarão de forma necessária na construção dos problemas concretos que historicamente estão à base de sua delimitação.

A categoria de sujeito provoca mudanças em todos os espaços de construção do conhecimento psicológico através dos quais, com efeito, todo o conhecimento passa a ser mais social. Assim, no campo da clínica, quando consideramos a patologia no processo de particularização do sujeito e a representamos como uma configuração de sentidos, na verdade o que estamos fazendo é nos remitir a uma história única que se materializa nas tramas diferenciadas de suas relações sociais. Essas relações passam a ser um momento necessário da análise, processo que rompe a naturalização e universalização da patologia que caracterizou muitas das tendências do pensamento clínico.

A patologia deixa de ser uma entidade e se apresenta como a incapacidade para produzir sentido, para produzir diferenciação, o que implica uma crise de identidade e o desenvolvimento de uma emocionalidade patológica que se define em forma de sintomas. O sujeito perde a capacidade de assumir posições próprias diante das situações sociais que enfrenta, ou seja, perde a capacidade de ação como sujeito, transformando-se em vítima das circunstâncias. Nesse sentido são muito interessantes os primeiros resultados de A. Arrais em seu trabalho de doutorado sobre a depressão pós-parto, que passou a ser uma das novidades dos títulos psicopatológicos atuais. Nesses resultados preliminares pudemos diferenciar a configuração subjetiva diferenciada de cada uma das mães deprimidas. Essas configurações nos permitem identificar a história dessa depressão, e o parto como um momento sensível de integração dos diversos elementos de sentido produzidos na história singular de cada mulher deprimida. A depressão aparece inclusive como proteção diante da perda da identidade, diante da perda da capacidade de produzir sentidos naquela situação.

É comum que essas mulheres assumam a depressão como identidade, exigindo os cuidados de enferma e uma compreensão social que, mesmo as colocando em condição de vítimas, as coloca também em uma posição que lhes permite ter um lugar diferenciado entre as pessoas que as rodeiam. Através desse lugar elas podem produzir elementos de sentido essenciais para a identidade, como o respeito e a consideração por parte dos outros. As portadoras desse distúrbio, por sua vez, não se sentem diminuídas pelo fato de ocuparem essa condição social por uma enfermidade, já que a enfermidade aparece em nosso imaginário social como uma entidade despersonalizada, que está mais além das opções reais do indivíduo. Esse, uma vez enfermo, deixa de ser considerado um sujeito para ser considerado um paciente, condição a partir da qual se produzem novos sentidos subjetivos sobre os quais a identidade parece se perpetuar.

Os trabalhos de G. Duveen (2001) sobre as representações sociais dos estudantes com relação às disciplinas da escola também nos revelam como estão presentes na vida escolar elementos de sentido que expressam a condição social do aluno. No campo da psicologia educativa, a concepção de sujeito gera novas zonas de sentido na construção de temas tradicionais como o aprendizado e o desenvolvimento humano. Se a pessoa não se transforma em sujeito do processo de aprender, ela não produzirá sentido com relação ao que aprende, e o aprendizado passará a ser uma atividade cognitiva formal. Considerar o aluno como sujeito do processo educativo significa permitir-lhe o espaço para que se sejam colocadas a dúvida, a contradição e a polêmica na sala de aula, reconhecendo, assim, a legitimidade de seu pensamento e de sua capacidade criadora. Isso gera processos de sentido que irão influenciar seu desenvolvimento de forma geral.

Dessa perspectiva reconsideramos nossas posições sobre o desenvolvimento moral e demos uma importância crucial ao sujeito do comportamento moral, que, aliás, já estava presente em uma das primeiras diferenciações que estabelecemos no estudo da personalidade ao definir seus níveis de regulação (González Rey, 1979). A moral normativa, externa com relação a quem a adota, é uma moral que carece de sentido subjetivo, que se impõe como dogma ou como necessidade de adaptação e, portanto, de domesticação. O comportamento moral é um comportamento produzido através da reflexão do sujeito sobre situações que têm sentido para ele. O sujeito é responsável pela construção moral de sua trajetória individual, e não de abandonar sua trajetória individual em nome da moral, algo que foi típico das sociedades organizadas sobre a base de princípios morais transcendentes. A base de toda moral é a significação do outro em qualquer campo da vida. Creio que considerar o outro como sujeito é um princípio essencial de toda definição moral.

Esse sujeito se estabelece ao assumir a responsabilidade por seu comportamento e a comprometer-se com a emergência das emoções e ideias em que é expressa sua produção de sentidos nos vários espaços de sua vida social. O sujeito, em sua expressão subjetiva, representa uma síntese histórica produzida em forma de sentidos subjetivos; esses aparecem em uma multiplicidade de dimensões nas várias atividades atuais de sua vida cotidiana. Assim, nenhuma motivação humana está definida somente pelo conteúdo de um campo concreto de atividade. Toda motivação é a concreção de um processo de produção de sentidos que se integra, em toda sua diversidade e diferenciação, como uma configuração subjetiva que delimita o espaço de sentido com relação a uma atividade concreta do sujeito. O conceito de configuração subjetiva responde à dupla exigência de facilitar a inteligibilidade de uma forma de organização, que é geral aos processos de produção de sentido e, por sua vez, de nos permitir a construção singular da motivação, pela forma específica em que essas configurações se apresentam em cada sujeito concreto.

As configurações não são uma entidade como aquelas que caracterizaram a maioria das taxonomias dominantes do pensamento psicológico. Elas não definem a atividade do sujeito *a priori*; estão, ao contrário, envolvidas na atividade, são uma fonte de produção de sentidos dentro de seu próprio curso e, dessa forma, atuam como motivação para a ação do sujeito em um campo e, por sua vez, são sensíveis ao desenvolvimento de novos sentidos associados ao curso dessa ação. Portanto, estamos nos referindo a uma forma de organização que constantemente se expressa dentro do processo de subjetivação de uma atividade concreta através da tensão entre sentidos já constituídos, e a produção de sentidos que acompanha de forma permanente o processo de subjetivação de toda atividade humana.

O processo de produção de sentidos dentro da ação concreta do sujeito é um processo altamente contraditório e difícil de ser acompanhado no curso da produção de conhecimentos. Com relação ao comportamento moral, a categoria de sentido subjetivo lança um grande desafio, pois, paradoxalmente, a produção de sentidos morais que se possam expressar em uma reflexão ou em um determinado estado emocional pode se transformar na base subjetiva de um comportamento imoral. Assim, por exemplo, um sujeito que critica os privilégios de um determinado grupo social ou classe pode provocar, através de sua crítica, uma configuração de sentido que se expressa em comportamentos antissociais e imorais com relação àqueles que, por sua vez, expressam os comportamentos imorais que o irritam. A produção de sentidos não acompanha a racionalidade que se atribui ao exercício da moralidade; por essa razão, sua articulação nos atos do sujeito é um processo extremamente complexo que marca uma das tensões principais de ser sujeito.

O sujeito se define em sua resistência a toda domesticação doutrinária, o que o coloca no centro de suas próprias definições morais, em um processo extraordinariamente complexo, na medida em que suas reflexões e ações expressem seu valor moral como sentido subjetivo. Portanto, a moral se expressa através das necessidades de quem atua, o que leva a ideia de uma moralidade centrada no universal a um beco sem saída. Isso porque cada indivíduo expressa seu comportamento moral nos espaços que visualiza e isso, geralmente, faz com que ele esteja sempre se arriscando a comportamentos pouco morais sobre os quais não tem necessariamente consciência. Assim, como se expressou em nossas investigações sobre o desenvolvimento moral de estudantes cubanos, casos como o de Ivón D. (González Rey, 1982) tipificam o que estou expressando. Ivón D. era uma aluna excelente, com um comportamento social irrepreensível. No entanto, diante de uma contradição experimental produzida, frente à qual tinha que escolher entre atuar de acordo com seus valores ou com o objetivo de obter reconhecimento social, ela resolveu atuar para obter reconhecimento social e contra seus valores. A posição e o prestígio social eram para ela um elemento de sentido central em todo seu comportamento, e as necessidades que se originavam desse sentido eram predominantes com relação a outros sentidos subjetivos. No entanto, esses poderiam ser dominantes nos casos em que não se apresentasse essa contradição.

Um sujeito, portanto, pode ter comportamentos morais em determinadas condições, e diante de condições diferentes, nas que surgem sentidos novos mais significativos para ele, não serem capazes de manter aqueles mesmos comportamentos. A ideia de sujeito rompe com a ideia de uma moralidade perfeita e congruente do sujeito em todos os campos de sua ação. Não há comportamento moral que não esteja envolvido com as necessidades do sujeito que atua.

Assim, um mesmo sujeito pode ter um comportamento moral ou imoral, dependendo da organização de sentidos que é produzida pela situação que enfrenta. Isso rompe com a coisificação da moral que, como no caso da patologia, divide o mundo em morais e imorais, quando realmente a tensão entre o moral e o imoral está presente de forma permanente no comportamento do sujeito, das instituições e dos grupos humanos. A categoria de sentido subjetivo é profundamente subversiva na medida em que ela subverte a certeza universalizadora das taxonomias psicológicas que dominaram o sentido comum.

A moral, então, dessa perspectiva da subjetividade da qual a analisamos, não é algo que "caracteriza" uns indivíduos em detrimento de outros. A moral não é patrimônio exclusivo das pessoas que se consideram a si mesmas "morais" e que, com frequência, para legitimar sua condição, se apegam a liturgias doutrinárias ou institucionais cujos códigos legitimem suas posturas. Com isso, se distanciam de sua condição de sujeito moral: a moral é um processo permanente que avança na legitimação de valores necessários diante do novo só de uma perspectiva participativa e de diálogo. O diálogo não significa a dissolução dialógica, ele tem que existir na tensão necessária com a tomada de decisões, só que uma decisão, para manter a saúde do espaço social, tem que regressar ao tecido dialógico.

Com relação a todos os exemplos anteriores, indicadores sobre a constituição do social estão presentes, de forma permanente. No caso de Ivon, por exemplo, a significação do prestígio social para ela abre um caminho de hipóteses em que se interceptam sua história individual e uma ordem social. A presença de um perfeccionismo moral e de uma extraordinária sensibilidade à opinião dos demais apareceu de um modo geral em nossas investigações em Cuba e a denominamos, em nossas investigações sobre hipertensão, como determinismo externo. Esse determinismo externo caracterizou grupos diferentes estudados com relação a problemas diferentes em Cuba, o que nos indica o envolvimento dessa tendência à subjetivação com uma ordem que está mais além da ordem local.

A categoria sujeito é inseparável da subjetividade. O sujeito é um sujeito produtor de sentidos e, por sua vez, está constituído como sistema de configurações de sentido ao longo de sua história. Quando nos referimos à subjetividade, nos referimos precisamente a esse sistema de configurações em que se organizam os espaços da subjetividade social e individual, nos referimos ao momento de produção de sentido associado com as formas de organização de uma história em nível subjetivo. O sujeito está a qualquer momento, no curso de suas atividades, gerando contradições produtoras de sentido que retesam suas configurações atuais e se integram ao processo de seu desenvolvimento.

Há algo que eu gostaria de esclarecer com relação ao conceito de subjetividade. Esse foi objeto de fortes preconceitos e excluído por muitos autores que, de forma consciente, preferiram falar de subjetivação, dando ênfase ao caráter processual do subjetivo (Foucault, Touraine, L.C. Figueiredo etc.). No entanto, quando falo de subjetividade, aliás de uma maneira que caracterizou a abordagem ao termo em toda a psicologia histórico-cultural, quero enfatizar aquilo que é constituído, a história e a forma de organização de um sistema que funciona como momento permanente de qualquer processo de subjetivação, social ou individual. A subjetividade representa um sistema em desenvolvimento permanente, que se caracteriza por seu caráter de processo contínuo, definido na subjetivação. Esses processos de subjetivação, porém, não expressam uma produção de sentido subordinada de forma absoluta ao contexto e sim, pelo contrário, eles permitem respostas diferenciadas ao contexto graças às histórias diferenciadas dos sujeitos que atuam em cada contexto concreto. E essas respostas estão constituídas em configurações subjetivas. Os sentido subjetivos se produzem sempre de forma histórica, mediata, eles se configuram em integrações e rupturas múltiplas que acompanham os processos simbólicos e emocionais do sujeito em sua história de vida.

Touraine, por exemplo, diz (2002):

> O sujeito não é a subjetividade; por isso falo de "subjetivação" que contraponho à "subjetivização". O que, sem dúvida, mata o sujeito é um totalitarismo subjetivista, religioso, político, racial (p. 231).

Creio que os processos totalitários a que Touraine se refere estão relacionados com uma deformação da subjetividade e dos próprios processos de subjetivação, deformação que ocorre, no entanto, dentro do próprio sistema da subjetividade. Ela é capaz também de produzir processos totalmente diferentes, como é a própria oposição e dissidência a esses totalitarismos subjetivos, dissidência que se expressa através de configurações subjetivas também diferentes. Essas configurações permitem a indivíduos que vivenciaram histórias objetivas parecidas adotar posições subjetivas radicalmente diferentes. No entanto, o sistema que está na base de ambas as formas de comportamento é o mesmo, uma subjetividade que se caracteriza por uma produção de sentidos que não está determinada de forma fatalista por nenhuma condição objetiva externa. Essa produção de sentidos se constitui com a intervenção das configurações subjetivas diferenciadas que representam a memória subjetiva das complexas histórias pessoais vivenciadas pelo sujeito.

O caráter diferenciado que a categoria sujeito determina para os processos de produção de sentido se transforma em um desafio epistemológico que está no centro de minha definição sobre a epistemologia qualitativa desde seu início (González Rey, 1997), e vai ocupar um lugar central na definição do valor da metodologia qualitativa para a psicologia em geral e para a psicologia social em particular.

3.3.3. Implicações metodológicas da categoria sujeito para a psicologia social

Como assinalamos em capítulos anteriores, as semelhanças metodológicas que se expressam entre o construcionismo social e nossa abordagem ao tema da subjetividade se transformam em diferenças quando definimos os objetivos que estão à base de ambas abordagens qualitativas. A construção da subjetividade vai em busca de formas de organização de sentido ocultas, que se expressam de forma indireta e deformada nas várias formas de expressão do sujeito, tanto simbólicas, como não simbólicas e que, por sua vez, tomam diversas formas no curso diferenciado das atividades do sujeito. Os objetivos metodológicos do construcionismo na investigação psicológica buscam identificar uma produção narrativa nos contextos em que essa se produz; e conhecer os sentidos presentes na produção narrativa, entendendo como sentido os processos locais de significação mais do que uma produção psicológica que transcende a significação, como definimos em nossos trabalhos.

Estudar a subjetividade implica dialogar com o sujeito, ter acesso a ele em vários cenários de produção de sentidos, para o qual contribuem os diferentes instrumentos que vamos produzindo ao longo do processo de investigação. No entanto, esses instrumentos são inseparáveis dos contextos dialógicos que definem o cenário da investigação, e que se desenvolvem no curso da mesma. Esses contextos, por sua vez, são essenciais para conseguir um envolvimento do sujeito que favoreça a produção de sentidos no processo de investigação. Essa produção de sentido vai surgir através das posições que o sujeito vai adotando no processo de investigação. Sem produção de sentido não há acesso ao estudo da subjetividade, nem aos processos de subjetivação. No entanto, os sentidos se produzem de forma diferenciada através dos sujeitos, pelo qual o sujeito vai adquirir, dessa perspectiva, um papel essencial a que já nos havíamos referido em publicações anteriores. A dialogicidade pressupõe o sujeito do diálogo, embora também se tenha concentrado na narração produzida pelo diálogo, como é o caso do construcionismo social.

A dimensão metodológica do sujeito é considerada tanto em nossas posições com relação à metodologia qualitativa, como nos princípios sobre os que se apóia a epistemologia qualitativa. O conceito de lógica da configuração tem a intenção de definir o processo construtivo permanente que envolve o investigador durante o processo de investigação, dentro do qual ele/ela se transforma no centro que organiza o processo de construção de conhecimento, centro que durante muito tempo tentaram colocar em processos lógicos relativamente despersonalizados e externos com relação ao curso atual do processo de produção de informação. O investigador se transforma, assim, em sujeito do processo de investigação, posição que só poderá desenvolver na medida em que as pessoas investigadas também assumam essa condição e se envolvam no curso da investigação.

O sujeito em sua singularidade é uma fonte de estudo excepcional para entender a qualidade de qualquer processo ou atividade humana, que escapa a qualquer tentativa de padronização. Por outro lado, o sujeito é capaz de trazer-nos elementos que são únicos sobre qualquer problema estudado, já que ele/ela nos apresenta esses elementos em uma dimensão de sentido singular que nos permite visualizar aspectos qualitativos que não estão explícitos em nenhuma das dimensões próprias daquilo que está sendo estudado e que ganham sua significação por suas consequências na produção de sentido do sujeito. Assim, por exemplo, as pessoas que visitam Cuba, ou que tiveram a possibilidade de visitar as conquistas sociais de qualquer país totalitário, muitos dos quais foram capazes de exibir grandes conquistas sociais em seus momentos de esplendor, ficam maravilhados com a formulação de seus juízos sobre a realidade que lhes é acessível. No entanto, se conversam com as pessoas em uma intimidade suficiente, que permita a emergência dos sentidos subjetivos em sua expressão, terão acesso a uma realidade totalmente diferente, inacessível de qualquer das dimensões que a constituem em seus vários cenários sociais.

A psicologia, no entanto, a partir de sua neutralidade metodológica, excluiu o sujeito da construção do conhecimento, tanto o investigador quanto o investigado. A investigação se transformou assim em uma sequência de aplicação de instrumentos despersonalizados, cujos resultados se processavam de forma igualmente despersonalizada, seguindo princípios universais definidos a partir de uma epistemologia que atuava como conjunto de regras que pautavam o científico e que omitiam completamente as necessidades diferenciadas do processo de produção de conhecimento. Como assinala D. Najmanovich (2001):

> Os procedimentos de padronização, junto à regulamentação experimental da natureza, implicam a possibilidade de prescindir do sujeito. O resultado da experiência não depende de quem a realize. O experimentador é um sujeito abstrato, prescindível, substituível. Como ocorre com uma variável matemática, ele pode ser substituído por qualquer outro membro do sistema (p. 19).

A posição central do sujeito na investigação qualitativa orientada para o estudo da subjetividade, enfatiza a importância da produção de pensamento do investigador no decorrer da investigação. É o pensamento que permite a criação de zonas de sentido que definem a visibilidade do empírico com relação à delimitação teórica que orienta o processo de produção de conhecimento. É nesse processo que se define o trabalho teórico do investigador. Ainda hoje confunde-se o momento teórico da investigação com o processo de "encaixar" os elementos de procedência empírica em categorias *a priori*, predefinidas dentro de um determinado marco teórico. Mais que um processo teórico, isso é um processo ateórico, na medida em que a teoria é uma produção viva que gera inteligibilidade sobre espaços inéditos de informação através das ideias de quem desenvolve o processo de construção.

A negação do sujeito ao longo da história das ciências sociais, onde ele surgiu como sujeito racional e onde a razão acabou se impondo a partir de formas socialmente institucionalizadas, levou a uma representação na qual o sujeito aparecia subordinado a uma racionalidade que lhe era externa. O sujeito surgiu, portanto, como a encarnação de uma racionalidade transcendente. Essa situação contribuiu muito para a negação do pensamento e da legitimidade de suas construções no processo de produção do conhecimento. Com efeito, contribuiu para gerar uma espécie de sujeito oculto que se manifesta através do fato que o autor não podia se expressar na primeira pessoa, no caráter predominante dos fatos com relação às ideias e em outra série de preconceitos que, durante muito tempo, supuseram a existência de uma ciência universal baseada em padrões de objetividade, em cuja produção o sujeito não contava.

No entanto, como diz B. Latour (1997), os representantes desse movimento perderam de vista a ideia de que o fato é sempre um fato socialmente construído, cuja veracidade depende mais da forma pela qual ele se insere na circulação do pensamento científico do que de seu significado objetivo com relação ao problema estudado.

O resgate do sujeito em uma perspectiva metodológica coloca em uma posição central o caráter teórico da produção de conhecimentos e nos permite enfatizar a importância do curso diferenciado da produção de ideias para o desenvolvimento da investigação científica. É claro, isso não significa negar a necessidade contínua de representações teóricas relevantes que gerem zonas de sentido capazes de articular nesses espaços um amplo espectro de construções teóricas diferentes que, apesar disso, estarão associadas a essa zona de sentido. Nem toda a construção teórica, por mais importante que seja, permite gerar uma zona de sentido no desenvolvimento de um campo científico e, infelizmente, aqueles que a criam, veem-se sempre ameaçados por outros que, embora sendo criadores eles também, querem ser fundadores, algo que, na ciência, representa coisas diferentes.

Uma consequência muito específica da significação metodológica do sujeito para a psicologia social é seu caráter presencial e dialógico no campo de investigação, sua participação ativa no espaço social em que desenvolve sua investigação. O sujeito, em sua singularidade, é reivindicado hoje pelas várias ciências sociais: Geertz na antropologia, Touraine na sociologia, Morin na filosofia. Apresentamos a trajetória dessa categoria na psicologia em um livro anterior dedicado ao mesmo tema (González Rey, 2002). Esse apogeu no desenvolvimento da categoria é acompanhado de uma visão qualitativa, dialógica e processual nas ciências sociais.

Com relação à significação metodológica do sujeito para a investigação sociológica, Touraine disse o seguinte (2002):

> Se eu dispusesse ainda de alguns anos mais para dedicar-me à investigação, daria prioridade a um novo conjunto de intervenções sociológicas que se concentrariam muito mais nos indivíduos, talvez tentando estabelecer relações interpessoais com eles, mas que, de qualquer maneira, fariam com que os grupos reflexionassem sobre experiências individuais e se esforçassem por fazer que cada um extraísse o sentido de suas próprias preocupações pessoais. As pessoas são muito mais importantes que seus atos e suas palavras (p. 118).

A citação de Touraine reproduzida acima enfatiza algo que, na psicologia, não foi possível devido à maneira como nos aproximamos das pessoas através das teorias que usamos e também pelas concepções metodológicas que predominam na investigação. "As pessoas são muito mais importantes que seus atos e suas palavras". Essa afirmação é essencial no sentido de que a pessoa, com muita frequência, é substituída por atos contextuais que não são necessariamente portadores de sentido e que, também com frequência, são determinados na investigação psicológica de forma unilateral pelo tipo de instrumento usado e pelo contexto de relação em que se usa esse instrumento. A pessoa não é um recipiente vazio, está constituída no processo de sua história, está constituída subjetivamente em formas muito complexas de organização, comprometidas permanentemente na ação e na confrontação cotidianas.

Reconhecer o sujeito na pessoa que investigamos é aceitar que essa pessoa é portadora de um material que só pode aparecer na medida em que nos aprofundamos com relação a ela. É esse processo que permite com que ela, através de seu envolvimento com o investigador e através de todos seus processos pessoais, de seus movimentos, suas pausas, seus silêncios, seus suspiros, suas emoções, até as várias formas de sua construção, expressar uma informação que nos permita visualizar os vários sentidos que definem a natureza subjetiva do problema que estudamos. O ato, a palavra, ou a narrativa, tomados como momentos que encontram um significado imediato nas narrativas teóricas que usamos, muitas vezes são obstáculos que prejudicam o próprio processo de aproximação às pessoas estudadas.

Nesse sentido, reconhecer o sujeito implica reconhecer sua constituição diferenciada, sua capacidade de expressar o mundo de seus sentidos subjetivos através das relações que estabelece com os outros. A subjetividade não se revela no sentido em que esse termo é usado pela fenomenologia; a subjetividade aparece de forma diferenciada nos processos de expressão dos sujeitos concretos, e aparece de forma irregular, desordenada, imprevisível. É impossível pensar em um método universal para chegar a ela. Ela aparece simplesmente no caminho diferenciado da expressão de cada sujeito nos espaços diversificados de sua vida, e diante dos fenômenos que têm sentido para ele. Assim a investigação tenta permitir e provocar esse tipo de envolvimento que favorece a expressão da subjetividade, abrindo inúmeras opções de sentido, através dos vários instrumentos e situações que emprega como formas de ampliação do espaço dialógico que se vai constituindo nesse processo.

A psicologia social deve adotar o sujeito em seu cotidiano, conhecê-lo nas condições sociais em que atua e tentar compreender de que maneira sua produção de sentidos se associa a esses espaços sociais. O que é que o sujeito sente, pensa, questiona nos vários espaços de sua vida social? Como é que esses espaços se integram entre si em um processo de produção de sentido? Essas são perguntas importantes para a psicologia social, em um mundo que tenta afirmar-se em suas decisões de poder sem considerar os processos de sentido do outro. O outro existe na medida em que é sentido subjetivo produzido nas relações. Não podemos classificá-lo a partir de lógicas institucionalizadas que não consideram as diferenças. Creio que um dos maiores problemas das instituições atuais é a impossibilidade de assimilar em sua riqueza as lógicas diferenciadas dos sujeitos que se integram a elas. As instituições, ao invés de facilitarem a expressão criativa ao sujeito, tentam domesticá-lo a qualquer custo, assimilando-o a um igualitarismo absurdo que não responde a suas possibilidades diferenciadas e sim a um direito padronizado.

Sem estudar o sujeito, e sem conhecê-lo em suas expressões autênticas e diferenciadas, é impossível produzir conhecimento social. A informação que nutre o conhecimento social não é aquela que aparece diante da resposta que se subordina à racionalidade do instrumento, que é uma racionalidade imposta pelo investigador. Os instrumentos na psicologia não podem estar orientados para classificar respostas e sim para conseguir formas personalizadas e complexas de expressão através das quais o sujeito possa aparecer em sua maior riqueza. Cabe ao investigador usar essa riqueza para a produção de um conhecimento que sempre terá na produção diferenciada do sujeito um desafio para se aprofundar mais. A expressão do sujeito toma novos significados para o conhecimento na mesma medida em que o conhecimento do investigador evoluciona.

A categoria sujeito abre um espaço diferente, para a compreensão tanto da sociedade quanto da subjetividade humana. Uma teoria da subjetividade sem sujeito seria uma teoria encapsulada no indivíduo, que não teria como transformar-se em uma teoria que integrasse indivíduo, sociedade, cultura e história, que é o que se pretende com essa abordagem histórico-cultural ao tema da subjetividade. A subjetividade é um tema ao qual só temos acesso através do sujeito em seus espaços de relação social. Por isso o sujeito ganha uma importância metodológica que nunca teve. As dimensões da subjetividade social aparecem de forma implícita e diferenciada nas expressões do sujeito e nos sentidos subjetivos que configuram sua subjetividade individual.

REFERÊNCIAS

ALLPORT, F. (1924). *Social Psychology*. Boston: Houghton-Miffin.

AXEL, E. (2002). *Regulation as Productive Tool Use*. Dinamarca: Roskilde University Press.

BIRMAN, J. (1999). *Mal-estar na atualidade* – A psicanálise e as novas formas de subjetivação. Rio de Janeiro: Civilização Brasileira.

BLANCO, A. (1996). Vygotsky, Lewin y Mead: los fundamentos clásicos da la psicología social. In: PAEX, D. & BLANCO, A. (org.). *La teoría sociocultural y la psicología social actual*. Madri: Fundación Infancia y Aprendizaje.

BLUMER, H. (1969). *Symbolic Interactionism*: perspective and method. Englewood Cliffs/Nova York: Prentice-Hall.

BOZHOVICH, L.I. (1968). Krasvitiyu affektivnoi-emocionalnoi esfery chilbeka. In: *Problemy obcheniya, vozrastnoi I pedagogicheskoi pikhologii*. Moscou: Padagoguika.

BOZHOVICH, L. & BLAGONADIEZHINA (1977). *Estudio de las motivaciones de la conducta de niños y adolescentes*. Havana: Pueblo y Educación.

DANZIGER, K. (1990). *Constructing the subject historical origins of psychological research*. Nova York: Cambridge University Press.

______. (1997). The Varieties of Social Construction. In: *Theory and Psychology*, vol. 7, n. 3, p. 399-416 [s.l.]: Sage Publications.

DENZIN, N. (1995). Symbolic Interactionism. In: SMITH, J. et al. (org.). *Rethinking Psychology*. Londres: Sage Publications, p. 43-58.

DREIER, O. (1999). Representations, identities, resistance. In: DEAUX, K. & PHILOGENE, G. (orgs.). *Social representations*: introduction and exploration. Oxford: Blackwell.

FARR, R. (1998). *As raízes da psicologia social moderna*. Petrópolis: Vozes.

FERNÁNDEZ CHRISTLIEB, P. (1990). La psicosociclogía: un proyecto de psicología social. In: JIMÉNEZ, B. (org.). *Aportes críticos a la psicología en Latinoamérica*. México: Universidad de Guadalajara.

FLICK, U. (1995). *Social Representations in Rethinking Psychology*. Londres: Sage Publications, p. 70-96 [SMITH, J. et al. (org.)].

GERGEN, K. (1999). *An invitation to Social Constructionism*. Londres: Sage Publications.

______. (1992). Social Psychology and the Phoenix of Unreality. In: KOCH, S. & LEARY, D. (orgs.). *A century of Psychology as Science*. Washington: American Psychological Association.

GERROD PARROT, W. (1992). Rhetoric for realism in psychology. *In Theory and Psychology*, vol. 2, p. 156-166. Londres: Sage Publications.

GONZÁLEZ REY, F. (2002). *Sujeto y subjetividad*: una aproximación histórico-cultural. México: Thomson.

______. (1994). Personalidad, sujeto y psicología social. In: MONTERO, M. (org.). *Construcción y crítica de la psicología social*. Barcelona: Anthropos.

______. (1993). *Problemas epistemológicos de la Psicología*. México: Colegio de Ciencias y Humanidades/Universidad Nacional Autónoma de México.

______. (1982). *Motivación moral en adolescentes y jóvenes*. Havana: Científico-Técnica.

______. (1979). *Roli nrastvenniij idealov v formirobanii profesionaliniij namerenii uchaschijciia*. Moscou [Tese de doutorado].

GONZÁLEZ REY, F. & MITJANS, A. (1989). *La personalidad*: su educación y desarrollo. Havana: Pueblo y Educación.

GREENWOOD, J.D. (1992a). Realism, Empiricism and Social Constructionism: Psychological Theory and the Social Dimensions of Mind and Action. In: *Theory and Psychology*, vol. 2, n. 2, p. 131-152. Londres: Sage.

______. (1992b). Response to comments – A response to comments on Realism, Empiricism and Social Constructionism. In: *Theory & Psychology*, vol. 2, n. 2, p. 183-204 [s.n.t.].

HARRE, R. (1992). What is real in psychology: a plea for persons. In: *Theory & Psychology*, vol. 2, n. 2, p. 153-158. Londres: Sage.

______. (1995). Discursive Psychology. In: SMITH, J. et al. (orgs.). *Rethinking Psychology*. Londres: Sage, p. 143-159.

JAHODA, G. (1988). "Critical notes on social representations". *European Journal of Social Psychology*, p. 195-211 [s.n.t.].

JODELET, D. (1991). *Madness and Social Representations*. Hemel Hempstead: Harvester Wheatsheaf.

KAZDIN, A. (1978). *Modificación de la conducta y sus aplicaciones prácticas.* México: El Manual Moderno.

KNOX, J.E. & STEVENS, C. (1993). Vygotsky and Soviet Russian Defectology – An introduction. In: *Collected Works of L.S. Vygotsky*. Vol. 2. Nova York: Plenum.

KRAPTELININ, V. (1992). Consciousness, attention and control. In: *Multidisciplinary Newsletter for Activity Theory*, n. 11/12 [s.n.t.].

LATOUR, B. (1998). *Ciência em ação*. São Paulo: Unesp.

LEONTIEV, A.N. (1992). Ecce Homo – Methodological Problems of the Activity Theory Approach. In: *Multidisciplinary Newsletter for Activity Theory*, n. 11/12 [s.n.t.].

______. (1978). *Actividad, conciencia y personalidad*. Buenos Aires: Ciencias del Hombre.

______. (1977a). El concepto de reflejo: su importancia para la psicología científica. In: *Seis conferencias sobre conceptos básicos de la psicología general*. Havana: Universidade de Havana.

______. (1977b). Sobre la importancia de la categoría actividad objetal para la psicología. In: *Seis conferencias sobre conceptos básicos de la psicología general*. Havana: Universidade de Havana.

______. (1966). Intervenção de A.N. Leontiev no XVIII Congresso Internacional de Psicologia de Moscou. In: *Problema obucheniya i pasvitiya – Na XVIII Meschdunarodnam Kongresse Psikhologov*. Moscou: Prosvechenie.

LIZINA (1978). La comunicación con los adultos en niños de los primeros siete años de vida. In: *Problemas de psicología general y de las edades*. Moscou: Pedagóguica.

LOMOV, B.F. (1975). *La comunicación como problema de la personalidad – Problemas metodológicos de la psicología social*. Moscou: Nauka.

______. (1984). *Metodologichskie i teoreticheskie problemii psikhologii*. Moscou: Nauka.

MARKOVA, I. (1996). En busca de las dimensiones epistemológicas de las representaciones sociales. In: PAEZ, D. & BLANCO, A. (orgs.). *La teoría sociocultural y la psicología social actual*. Madri: Fundación Infancia Aprendizaje, p. 163-182.

MARTIN BARÓ, I. (1989). *Sistema grupo y poder* – Psicología Social desde Centroamérica – II. São Salvador: UCA.

______. (1991). Métodos en psicología política. In: *Acción y discurso* – Problemas de la Psicología Política en América Latina. Caracas: Eduren.

MARTÍNEZ TEJEDA, G. (2002). "El conductismo social de George Herbert Mead – Psi.Soc.". *Revista Internacional de Psicologia Social*, vol. 1, n. 1, p. 47-70 [s.n.t.].

McGUIRE, W. (1992). Toward Social Psychology's Second Century. In: KOCH, S., LEARY, D. & LEARY, D. (orgs.). *A century of Psychology as Science*. Washington, D.C.: American Psychological Association.

MEAD, G.H. (1972). *Espíritu, Persona y Sociedad*. Barcelona: Paidós.

______. (1964a). The Mechanism of Social Consciousness. In: RECK, A.J. (orgs.). *Selected Writings of George Herbert Mead*. Chicago: University of Chicago Press.

______. (1964b). A Behavioristic Account of the Significant Symbol. In: RECK, A.J. (org.). *Selected Writings of George Herbert Mead*. Chicago: University of Chicago Press.

______. (1934). *Mind, Self and Society*: from the standpoint of a social behaviorist. Chicago: University of Chicago Press [MORRIS, C.W. (org.)].

______. (1910). What Social Objects Must Psychology Presuppose? *In*: RECK, A.J. (org.). *Selected Writings of George Herbert Mead*. Chicago: University of Chicago Press.

______. (1909). "Social Psychology as Counterpart to Physiological Psychology". *The Psychological Bulletin*, vol. I, p. 401-408 [s.n.t.].

MENCHINSKAYA, N.A. (1977). Osvovotditciya ot vliyaniya operacionalizma-pricipialnovo bawnaya sadacha. In: *Problema Deyateldnoscti v sovietskoi psikhologii*. Moscou: [s.e.].

MENCHINSKAYA, N.A. & SABIROVA, G.G. (1969). *Voprocii detskoi I pedagogicheskoi psikhologii* – Na XVIII Meschdunarodnam Kongresse Psikhologov. Moscou: Prosevechenie.

MIASICHEG, V.N. (1960). *Lischnost I nevrozy*. Leningrado: Universidad Estatal de Leningrado.

MOSCOVICI, S. (1999). "Las representaciones sociales y la comunicación pragmática". *Polis 98* – Cultura y debate teórico: análisis psicosocial y sociológico. México: Universidad Autónoma Metropolitana, p. 205-222.

______. (1998). "Presenting social representations: A conversation". *Culture & Psychology*, vol. 4, n. 3, p. 371-410 [s.n.t.].

______. (1986). *Psicología Social*. Buenos Aires: Paidós.

______. (1973). Foreword. In: HERZLICH, C. *Health and Illness:* A Social Psychological Analysis. Londres: Academic Press.

NAJMANOVICH, D. (2001). *O sujeito encarnado*. Rio de Janeiro: DP&A.

NEPOMNICHAYA (1977). Deiatenost, coznanie, lichncst. In: MENCHINSKAYA, N.A. & FARAPANOVA, A.A. *Problemy deiatelnost v soviestkoi psikhologii*. Moscou: Academmi Pedagogichesckix Nauka.

POTTER, J. (1998). *La representación de la realidad*. Barcelona: Paidós.

_______. (1992). Constructing realism: Seven Moves (plus or minus a couple). In: *Theory & Psychology*, vol. 2, n. 2. p. 167-174. Londres: Sage.

ROBBINS, D. (2000). *Perspectives on cultural-historical theory, Russian Activity theory (Kharkov School), Western Sociocultural theory*: a historical narrative [s.n.t.].

ROUDINESCO (2000). *Por que a psicanálise*. Rio de Janeiro: Zahar.

RUBINSTEIN (1957). *Principii i puti razvitiyiia psykhologii*. Moscou: Nauka.

SHOTTER, J. (1995). Dialogical Psychology. In: SMITH, J. et al. (orgs.). *Rethinking Psychology*. Londres: Sage Publications, p. 160-178.

_______. (1992). Social Constructionism and Realism: Adequacy or Accuracy? In: *Theory & Psychology*, vol. 2, n. 2, p. 175-182. Londres: Sage.

SLOAN, T. (1999). Comunicar más allá del significado. In: *Polis 98* – Cultura y debate teórico: análisis psicosocial y sociológico. México: Universidad Autónoma Metropolitana, p. 223-225.

TALIZINA, N.I. (1971). Estudio de lo psíquico como actividad. In: *Materiales del IV Congreso Nacional de la Sociedad de Psicólogos*. Tbilitsi, [s.n.t.].

_______. (1966). Intervención de N. Talizina en el XVIII Congreso Internacional de Psicología de Moscú. In: *Problema obucheniya i pasvitiya*. Moscou: [s.e.], 1969.

TOULMIN, S. & LEARY, D. (orgs.). *A century of Psychology as science*. Washington: American Psychological Association.

TOURAINE, A. & KHOSROKHAVAR, F. (2002). *A la búsqueda de sí mismo* – Dialogo sobre el sujeto. Barcelona: Paidós.

VYGOTSKY, L.S. (1995). *Obras completas* – Fundamentos de Defectología. Vol. 5. Havana: Pueblo y Educación.

_______. (1993). Introduction: The Fundamental Problems of Defectology. In: *The Collected Works of L.S. Vygotsky*. Vol. 1. Nova York: Plenum Press.

_______. (1987a). Thinking and Speech. In: *The Collected Works of L.S. Vygotsky*. Vol. 1. Nova York: Plenum Press.

_______. (1987b). Emotion and its development. In: *Lectures on Psychology* – The Collected Works of L.S. Vygotsky. Vol. 1. Nova York: Plenum Press.

______. (1984a). Problema periditsatsii detskovo razvitiia. In: *Sobranye Sochinenya*. Vol. 6. Moscou: Pedagoguica.

______. (1984b). K voprocy o psikhologii tvorchestva aktera. In: *Sobranie Sochinenya*. Vol. 6. Moscou: Pedagoguica.

______. (1968). *Pensamiento y lenguaje*. Havana: Revolucionaria.

WAGNER, W. (1998). Social Representations and Beyond: Brute Fats, Symbolic Coping and Domesticated Worlds. In: *Culture and Psychology*, vol. 4, p. 297-329 [s.n.t.].

ZAPAROCHETS, A.V. (1986). Izbranie psikhologicheskie trudy. Vol. 1. Moscou: [s.e.].